U0137303

1%
的精进

THE
ONE-PERCENT
EDGE

简单到不可能失败的商业关键技能

[英]
苏珊·索洛维奇
Susan Solovic

雷·曼利
Ray Manley

著

罗敏 译

九州出版社
JIUZHOUPRESS

目　录

序　言

富兰克林有一句格言:"在这个世界上,除了死亡和赋税以外,没有什么事情是确定无疑的。"这句话困扰了我很久。

虽然我承认,质疑我们最受爱戴的开国元勋之一的言论会让我感到一丝不安,但我不得不指出富兰克林博士的笔下漏掉了第三种"确定无疑"的情况。

那就是变化。

富兰克林自己就是一个活跃的变革推动者,但却忽视了生活中的这第三种"确定无疑",这多少有些令人惊讶。无论这种"确定无疑"是树上的叶子会随着季节变化而步入生死循环,还是如今一个毋庸置疑的事实:科学技术的飞速发展将以每小时为单位,用超乎我们所能预测和想象的方式改变着我们的生活。改变将不断地给我们带来冲击和喜悦,如果你还未做好迎接它的准备,那么它会让你恼羞成怒甚至毁灭。

变化无处不在，永无休止而又危机四伏。人们如何能假装这种特殊的自然力量并没有每时每刻地在他们身边发生呢？

当我们在生活中处理个人日常事务时，我们常常会忽视变化这个常量，它往往会打我们一个措手不及，最终的结果往往就是我们只能"不经一事，不长一智"。

然而，在企业运营层面，如果我们仍然放任自己处于一种对变化一无所知的境况，那么这最终的后果远比简单地归因于经验不足更具有破坏性。事实上，这所带来的后果往往近乎生活中的另一个"确定无疑"。

死亡。

这就是《1% 的精进》这本书写作的初衷所在。

无论你是经营小微企业还是巨型公司，本书都是不可或缺的。在本书中，苏珊·索洛维奇会告诉你在商业上，或者在平常的生活中，什么才是成功的第一法则。如果你跟不上变化的节奏或者无法赶在变化之前，那么你很可能就会落后。你的竞争对手——包括那些认为自己已经遥遥领先，不再视你为竞争对手的人——会在某处……以某种方式……展望着未来，孜孜不倦，致力于创造出可以取代你的企业对世界所做出的贡献以及你的财富的东西。

但前提是你会任由他们这么做。

坏消息是，与时俱进或者处于领先地位并不是靠打打响指就能实现的事情。当你意识到问题时，很有可能为时晚矣。你的企业会落后于那些追求把你所做的事情做得更好的人。所以，如若你越早学会如何应对你的企业中的变化，你就能越早将企业引向成功的道路。

好消息是，在《1% 的精进》这本书中，苏珊·索洛维奇会给你提供一些有用的建议，帮助你积极主动地去应对每时每刻都会面临的商业变革，并且这种优势将决定你是领先别人一步还是悲惨地落后于人。

想想宝丽来公司（Polaroid Corporation）是如何凭借其创始人埃德温·兰德（Edward Land）的非凡发明而获得改变世界的即时显影相机专利的。该公司成立于 1937 年，通过改善相机内部的暗室结构，成功地在摄影界乘风破浪。宝丽来公司的创新非常成功，到 1991 年，宝丽来的年收入达到了 30 亿美元 —— 想想当时 30 亿美元的价值是多么让人震惊。然而，宝丽来并没有紧跟并领先于围绕在它四周的数字信息技术力量、新发明和永不停息的变化，而是选择坐享其成……直到 2001 年，它宣告了破产。

宝丽来失去了它的优势。

保持这种微弱的优势并不是一件容易的事情。通常，我们都非常清楚，我们未能紧跟上能够让我们的企业一举成功这样的创新精神的步伐。我们的创新很容易滞后，这是因为我们有日常的管理事务要去处理，还有很多额外的事情有待解决。当我们致力于保持企业的领先地位时，这些事务就会充斥着我们的大脑，占用我们的时间。虽然我们懂得创新对于企业维持以及不断取得成功至关重要。但是我们似乎找不到时间、意愿或者精力，让我们能一直领先于变化。这就是接下来这本书所要解决的问题。

虽然你可能会认为你只是过于忙于自己的业务，而无法应对这些层出不穷的变化。我可以向你保证的是，如果你只执着于当下而不放眼于未来，这无疑证明了本杰明·富兰克林是对的：可期的，只有死亡和赋税。

但是，再一次强调，没必要非得是这样的结果。

本书会给你提供让你保持企业领先地位的同时也能对企业进行重新塑造所需的答案。你将学会如何去维持目前所接到的订单，同时预测未来客户的需求会是什么。

最重要的是，《1% 的精进》这本书将在再创造的艺术中对你进行指导，此时积极的再创造比以往任何时候对你的企业的成功都更为关键。

毫无疑问，在当今的商业界中，发现并保持微小的优势是获胜的先决条件。

我想你会发现《1% 的精进》会像一个路线图一样，指引你为你自己和你的企业创造出非凡的改变。

瑞克·恩格尔（Rick Ungar）

福布斯网站资深撰稿人

引　言

传统商业的终结

无论你公司的规模大小，或者你从事的是什么行业；无论你的收益乐观与否，或是如今你的品牌知名度几何；无论你的资金有多么充足，或是股票价值有多强劲，此刻，你的企业都面临着倒闭的风险。

世界 500 强公司中，只有 71 家公司幸存，这是为什么呢？因为公司领导人（无论是来自大公司还是小公司）一贯依赖于过去的结果管理未来的发展。在当今世界，市场发展节奏加快，竞争日益激烈。一味从后视镜中寻找管理增长的方法便是走向终结的开始。只依赖于过去的表现，这会让企业的领导者们陷入一种错误的安全感，当有新的竞争对手、技术或者市场变化动摇企业的根基时，他们就会感到手忙脚乱、不知所措。一旦陷入了这种困境，企业取得成功转型的可能性就会微乎其微。

在过去的数年间，我们见识过各式各样的管理程序，这些程序可以帮助商业领导者们转变他们的运营方式，使其更具竞争力，提高生产力，并增加盈利。我记得我一连好几天都坐在会议室里，当时我担任的是一家世界 500 强公司的高管，公司正在努力通过全面的质量管理分析改善我们的商业运营情况。在那之后，公司的运作恢复如初。

全面质量管理分析应用起来非常麻烦，而且，在我看来，尤其是在我经营的商业领域——市场和销售，官僚主义的僵化问题严重。每个工作职能都需要一个工作流分析衡量它的生产力和产量。

我之所以打造出 1% 精进流程并写下这本书，是因为我意识到企业需要把创新融入他们的 DNA 中。我认为这个流程应该尽可能地流畅和直观，这样企业团队才不会囿于细枝末节。敏捷、创造力和灵活性才是基石。让我们面对事实吧：五年战略计划已经过时。成功的企业必须实时运作。企业必须要反应敏捷，适应性强，愿意去试验，并在需要时能快速地进行调整。企业应该赋予员工权力，鼓励他们大胆地说出创新的想法和观点。技术也应该得到提升和改善，从而提高企业的生产力，增强客户内在和外在的消费体验。需要保持思维的开放性，定期对企业的财务和指标进行审查，以便领导者能够及时地做出影响企业发展的商业决策。

最为重要的是，为了保持企业的竞争力，企业的领导者必须愿意客观地看待企业的方方面面。你需要准备好问一些真正尖锐的问题。没有什么东西是神圣不可侵犯的。这意味着在谈判桌上没有自我。

底线是：如果它没坏，那么无论如何都要修复它。没有一家企业可以仅仅依赖于今天的竞争优势。因为这种优势稍纵即逝。当你处于优势地位时，你就该问问自己："下一步该怎么办？"不要等到这种优势被打破，散落一地。相反，你应该逐步地去扩大这种竞争的优势。

这个流程应该一直进行下去。如果你只想着过一遍这个流程，然后就把它从你的清单上划掉的话，那么最终的结果并不会如你所愿。这种有序进行的流程应该成为你的企业运作的一部分，以保证企业不断地与时俱进和成功。你可以通过不断地重新评估你的价值定位，实现整个企业的逐步精进，建立并维持自己的市场领导者的地位。

采用《1% 的精进》提供的流程，你会不断取得成功。

为什么企业会失败

在如今这个疯狂、混乱、快节奏的世界里，你尽可相信一个不言而喻的道理：没有一家企业是能大而不倒的，也没有一家企业是小到不能成功的。变化的产生如此之快，往往让我们大多数人无法适应。当你认为你掌握了新的趋势和技术时，它们早已是明日黄花了。

大概 30 年前，我受邀在我家乡的高中毕业典礼上发表演讲。在我的演讲中，我告诉毕业生们，要想成功，他们必须能够看到未来。当时，我并不知道这个前瞻性的言论会是如此正确。

当然，没有人拥有预卜未来的水晶球，所以为了抢占先机，你得愿意尝试新鲜的事物，并从你收集到的信息中不断学习并吸取经验教训。原地踏步实际上意味着倒退，你的企业就会面临落后的风险。我认为山姆·沃尔顿（Sam Walton）对此描述得最恰如其分："去做，去试一试，去搞定它。"

如今的商业领袖需要思维开阔，而不是故步自封。此时此刻，无论你的企业是刚刚起步，还是正在奋力成长，或者是有了一定市场地位并且很成功，它都处在失败的边缘。在这个快节奏、竞争激烈的市场中，每一家企业都会面临着风险。有些企业会幸存下来，而其他则会从此销声匿迹。

为什么会这样？原因有很多，但总的来说，这是因为企业无法随着市场所要求的变化而做出改变。想想那些在你成长的过程中所了解到的品牌。就我个人而言，我还记得蒙哥马利·沃德（Montgomery Ward）的邮购商店，它坐落在我家乡的法院广场上，我的家乡是一个小乡村。想想拿起一包从商店那厚重的、光彩夺目的商品目录单中订购的商品，或者去逛一下它位于市中心的零售店，这是一件多么令人高兴的事啊。我相信你们很多人都不记得蒙哥马利·沃德这个品牌了。它的竞争对手们如西尔斯·罗巴克（Sears & Roebuck）和杰西潘尼公司（J. C. Penney），随着人口分布的变化，纷纷将销售重心转移到郊区的购物中心，但等到蒙哥马利·沃德也开始效仿此做法时，为时已晚。

当一家公司在变革期间成功转型，而其他公司没有做到时，这并不意味着这个领导团队要比其他领导团队更聪明或更有见识。然而，它的确反映出团队的领导者在这种情形下是如何审时度势、分析、计划和执行的。根据马修·奥尔森（Matthew S. Olson）和德里克·范·贝弗（Derek van Bever）的著作《为什么雪球滚不大》（*Stall Points*），一旦一家公司的发展遭遇到了严重的停滞，那么它想要完全恢复的概率不到 10%。

当领导层终于醒悟过来，面对失去的市场份额和惨淡的销售量时，他们会不知所措。我们的口号是："要么改变，要么灭亡。"在这一点上，许多管理者就会开始"把所有东西都扔到墙上，希望能有什么东西能被粘住"。[想想美国电子产品专业零售商睿侠（RadioShack）吧，我很快就会对此进行解释。]但一般来说，想要挽救这艘船只，让它不沉没已经为时晚矣，最终的结果就是企业会面临破产、收购或者拖欠借款和停业清理。

以下是导致企业运营失败的一些原因：

官僚主义思维

未能把握时机

未能了解目标客户

未能真正倾听客户的意见

未能了解顾客的消费动机是什么

无法减少累赘

过于依赖当前的关系

花太多的时间用于推销而不是用来解决问题

过分关注净利润而不能适应新的市场趋势

未能在新的框架结构中分析数据

囿于现状的文化怪象

领导者全身心投入产品或服务

未能确定利基市场

未能有效地分配资金——花冤枉钱

对数字和关键指标缺乏清晰的认识或关注度

目光短浅,只关注现有的竞争对手

未能认识到产品已过时

迟来的跟风、赶潮流

如果没坏就不会去修复

只致力于价格竞争

消极怠工

消极的公司文化

　　以上所列并非面面俱到，但不难发现导致这一切的罪魁祸首是企业领导者们不能摒弃那些刻板的"可靠"方法，使之能以一种全新的、更富有活力的方式发展企业。即使是在那些领导层鼓吹创新的公司里，创新只不过是他们的噱头。当市场格局发生变化时，他们反应迟缓，毫无准备。如今那些成功的公司早已将创新刻入了它们的基因。这就是 1% 的精进流程背后的前提条件，每个公司的运营都可以应用到 1% 的精进流程，这可以让企业在当今的市场中变得敏捷并与时俱进。

　　在接下来的章节中，我将对这个流程进行介绍，并去阐释如何将它运用到企业的方方面面：产品、定价、人员、流程、分销、营销等。当这个流程成为你企业运营中的一部分，你将会发现自己走在了你所处行业的最前端。有了这 1% 的精进，你的公司就能够及时地完成转型，并能在不断变化的市场中与时俱进。

　　创新并不是说要推出下一个酷炫、令人着迷的产品。事实上，这只会将企业推向灭亡。宠物石头（Pet rocks）、椰菜娃娃（Cabbage Patch Kids）、魔方（Rubik's Cube），我们都曾目睹过这些昙花一现的企业，它们像流星一般绽放过光彩但很快就烟消云散了。

当你的企业实现 1% 的精进时，市场就有理由对你保持忠诚或者为你改变它的购买习惯。你可以这样想：99 度的水是热的，但是让它再高 1 度的话，它就会沸腾起来。所以是时候给你的企业升升温，加把油了。

在我们开始讨论策略层面之前，让我们先来看看一些案例研究，这些案例充分说明了企业是如何错失良机，以及公司领导层未能正确地追踪竞争情况、提升其能力、建立和培养团队或者人才。当我们在讨论这些案例时，请记住 1% 精进流程的几个关键性原则：

创新并不意味着颠覆

细微的调整可以产生巨大的成果

差异化至关重要

不要因小失大；核心竞争力支配一切

为改变而改变并不能解决问题

换汤不换药

采用过时的数据和战略是致命的

商业不是搞独裁统治，要多去倾听

拥抱创造力

睁大眼睛，全方面、多角度地去看待问题

拥抱科技

不断学习

为什么即时显影摄像的领军企业倒闭了

那些年纪够大的人可能还记得最早的宝丽来相机。它首次实现了拍照的即时成像——无须把胶卷带到照相馆处理。宝丽来品牌的创始人埃德温·兰德开创了一种方法，将彩色染料从底片上传到密封单元内的胶片上。宝丽来于20世纪40年代末进入市场，到了20世纪70年代，它已是家喻户晓。

宝丽来的即时摄影技术对摄影行业造成了冲击，这种冲击让人们兴奋不已，让人容易将它设想为未来数码摄影界里的先驱。不幸的是，尽管该公司的定位不错，但它未能及时地认清数码摄影行业的发展趋势。加拿大营销企业科斯特通信集团（Cossette Communications Group）旗下的科斯特邮信公司（Cossette Post）首席执行官彼得·波斯特

(Peter Post）指出："如果有人能放眼未来，并试图找出这个品牌所适合的方向和定位，宝丽来可能会成为当今数码摄影行业界的主要力量。只是从来没有人走到这一步。"

2001 年，宝丽来申请破产，并自此寻求新的发展，甚至聘请了 Lady Gaga 担任其创意总监。Lady Gaga 最大的贡献是什么呢？那就是她推出了全新的 Grey Label 系列产品。这些产品包括内置摄像头和双液晶显示屏的 GL20 摄像太阳眼镜，当佩戴上这个超大墨镜时，嵌入的相机就会开始录像。Grey Label 发布于 2011 年在拉斯维加斯举办的消费类电子产品展览会（Consumer Electronics Show, CES）。那么你们有没有听说过这些独特的相机眼镜呢？我怀疑你们没有。因为这些产品在享受短暂的热度之后，便被人们遗忘殆尽。即使是在社交媒体上拥有数百万粉丝，极具煽动性和引领潮流的 Lady Gaga，也无法让市场相信这款眼镜是必备品。

经验教训：不要逃避现实。时代在改变，作为一个企业的领导者，你需要足够的敏捷并具有远见卓识应时而动。那些没能及时做出反应的企业虽然奋力追赶，但往往是望尘莫及，逐渐被遗忘。一味追赶并非制胜之法，就如换汤不换药，最终是无济于事的。

产品在改变，竞争对手亦是如此

在接下来的章节中，我将讨论对企业竞争力分析的重要性，以及如何利用当今的技术有效且经济地进行竞争力分析。然而，通过 1% 精进流程，你将养成识别出那些还未清晰可见的竞争对手的技能。我经常会听到企业的领导者们说他们的产品或者服务不存在任何的竞争对手。相信我，这永远都不会是真的。你可能没有意识到竞争的威力，但是就在某一处，一个有远见的创业者正在他的车库里捣鼓一种产品，这个产品很有可能就会将你彻底击败。

施乐公司（Xerox）就是一个最好不过的例子。它成立于 1906 年，在 1959 年崭露头角，推出了第一台使用普通纸张的自动办公复印机 —— 施乐 914 复印机。这款复印机的简单实用性吸引了巨大的市场，至 1965 年，其销售额飙升到了 5 亿美元以上（以今天的币值来计算，那将是超过 37 亿美元的销售额）。施乐在复印机领域不断取得创新的突破，并成功地在它的核心市场击败了被视为其主要竞争对手的国际商业机器公司（IBM）和柯达公司。

然而，当施乐专注于国内的竞争对手时，来自日本的两个品牌——佳能和理光——正在一步一步地侵入其市场，它们将目标对准了那些小企业和个体消费者。施乐意识到了形势的严峻性，便立即对这两家亚洲公司发起了猛烈的攻击，以图力挽狂澜。但故事并没有就此结束，由于施乐公司集中于"止血"，其管理层忽视了新兴的个人电脑市场。你可能不知道，施乐公司在 1973 年发明了第一台被认为是真正意义上的个人电脑——施乐阿尔托（the Xerox Alto）。1981 年，该公司发布了一个类似的系统，首次集成了位图显示、基于窗口的图形用户界面（GUI）、鼠标、以太网网络、文件服务器、打印服务器和电子邮件等技术。但是该公司的管理团队并没有看到这个系统的市场潜力。正如史蒂夫·乔布斯所言："他们根本不知道自己拥有的是什么。"苹果公司购买了阿尔托图形用户界面的版权，推出了面向商业和教育市场的更为经济实用的个人电脑。1984 年，苹果公司发布了麦金塔电脑（Macintosh），这是第一台首次将图形用户界面和鼠标广泛应用到个人计算机上的电脑产品。

经验教训：不要被竞争对手打个猝不及防。全方面地分析竞争形势，这样你就不会因为对手的一次反击而忽视掉其他的市场时机。永远不要低估那些新手玩家。你的公司越是自鸣得意，对于那些新起之秀来说，他们就越是容易横扫整个市场。那些对新入市场者一笑置之的企业终将走向坟墓，墓碑上会刻着："如果我可以重来一次……"

如果没坏，那就修好它

在我很小的时候，凡士通（Firestone）是优质轮胎的代名词。我记得我爸爸说过，我们的私人汽车和他生意上使用的汽车都需要配备凡士通牌轮胎。

创建于俄亥俄州阿克伦的凡士通公司对自己的市场定位简单明了：目标客户是美国最主要的那几大汽车经销商，而它的竞争对手是所有其他美国轮胎制造商。公司的企业文化是与客户和员工保持紧密的关系，公司的战略性发展计划是紧跟市场对轮胎不断增长的需求。凡士通公司的运营进展顺利，那为什么它没能最终获得成功呢？

米其林公司（Michelin Company）是一家法国轮胎制造商，它将子午线轮胎（radial tire）引入了美国市场。这种轮胎比传统轮胎要更加安全，更持久耐用，也更经济实惠。在进入美国市场之前，米其林公司已经主导了欧洲市场，很快，它也主导了美国的市场。

凡士通公司的领导者很好地意识到了这种新的轮胎技术的价值，所以他们迅速采取了行动，投资了近 4 亿美元生产子午线轮胎。然而，他们的行动虽然迅速，却未见成效。该公司试图强行用以往的生产模式生产这个新的轮胎，结果并不理想。此外，尽管有预兆显示传统的轮胎很快就会被淘汰掉，它仍然继续生产这些传统的轮胎，由于未能关闭以前的老工厂，转而采用高效的子午线轮胎制造工艺，凡士通公司亏损了一大笔钱，最终被日本普利司通公司收购。

经验教训：不要停滞于过去的光环。在市场已经明确发生变化时，坚守现状（你当前的商业模式）是注定要失败的。尽管凡士通公司在数十年间增长迅速，但它未能认识到转变思维的必要性，导致了整个公司的灭亡。就算它今天没有破产，很可能明天也会破产。要追求创新，为改变做好准备。

把婴儿连同洗澡水一起倒掉

你们很多人可能还记得睿侠。最初，这些零售商店是最新电子设备的发源地。他们迎合业余无线电操作者的喜好，驾驭着 20 世纪 70 年代民用频段无线电台的热潮。[还记得《警察与卡车强盗》(*Smokey and the Bandit*) 这部喜剧电影吗?] 如果你想做一个 DIY 电子项目,睿侠就是一个好的选择,睿侠以其知识渊博的合伙人而闻名,而且 DIY 爱好者构成了它的核心客户群体。

睿侠公司实际上批量生产了便携式个人电脑 TRS-80。它在市场上大获成功,但该公司未能充分利用这次机会。随着新的竞争对手进入个人电脑市场,因为无法紧跟市场变化,睿侠的硬件业务不再赢利。

为了找到能替代曾经利润丰厚的个人电脑业务的产品,该公司紧跟上手机的热潮,着手与手机制造商和无线供应商商定佣金协议。消费者蜂拥而至,纷纷到睿侠的各大商店购买手机,并签署供应协议,每个顾客完成整个流程大约需要 45 分钟。结果,该公司的核心客户——DIY 爱好者,因为得不到相应的服务而沮丧万分,继而把他们的业务转向了其他地方。

正如人们所预料的那样,手机供应商开始消除中间商并开设自己的商店,这让睿侠不得不再次寻求立足之法。后来它进入了电子商务市场,最终也失败了。被消费者称为一个奇怪的清单组合大杂烩，加上激进的销售策略，让苦苦挣扎的零售商流失了更多的客户。所有这些失败的策略让睿侠公司的管理层别无选择，只能申请破产。

睿侠能卷土重来吗？其核心客户 DIY 爱好者已经找到了电源连接器和 HDMI 电缆的其他来源。然而，我相信"永不言弃"，所以等着看吧。

经验教训：了解你的目标客户是谁以及他们从你这里实际购买的是什么，这很重要。在睿侠公司的案例中，其核心客户购买的不仅仅是电子配件，还有获得建议和商店销售人员的帮助。当公司进入新的业务领域时，其销售人员不具备帮助核心客户的知识基础，这就会导致其核心客户流向其他地方。[稍后我将讨论与此相反的情况，哈德瓦公司（Ace Hardware）幸存下来的故事。]

这些案例研究对于你的企业意味着什么

我和你们分享这些例子是为了让你们知道，无论你的企业规模有多大，运营有多成功，实力有多强大，它都有可能在如今的市场中迅速销声匿迹。作为一个领导者，你不希望有一天醒来后发现你的商业环境已经发生了如此巨大的变化，以至于你感到有必要采取有力的措施设法爬出这场商业的深渊。

看看你的周围。如果没有其他商业上的日常事务缠身，你会看到发生了什么吗？你是否看到了市场发生变化，而公司却没有对此做出有效的反应？

在过去的数年，随着网上购物开始占据市场，想想有多少家百货商店倒闭了呢？那么传媒行业又是如何的呢？看看报纸是如何在今天的数字信息化市场中挣扎求生的，就连电视网络也受到了流媒体的影响。消费者现在不用受到产品发布的时间和地点的限制，而是可以根据自己的时间和地点推动着媒体产品的消费。

你所在的行业正发生着什么呢？你是否在关注将要发生的事情，准备快速且正确地采取行动以维持企业的与时俱进？

接下来，我将给你提供一个具体流程，它可以让你灵活并富有远见地评估和制订一个行动计划。你的企业运营模式将会把革新和创造性刻入它的 DNA 里。这个流程的灵活性可以让你快速并且敏捷地实施适时的战略。

接下来，我将在第一章中讨论这个流程的每个步骤。在接下来的章节中，我将向你展示如何将这个流程应用到你企业运营的方方面面，从产品到员工，再到定价和流程。具有创新性的公司会逐渐地提升他们的业务 —— 不需要剧烈的颠簸动荡 —— 实现这 1% 的精进。

过去有用的方法

是时候要行动起来了。这是新的一天，一种新的运营方式。记住，要保持企业的与时俱进，你就不能依赖于今天的竞争优势。因此，长期的战略规划已成为历史。这个 1% 精进流程可以重新点燃你的激情，为企业增长注入活力。在当今快速变化的市场中，成功的企业，无论大小，都必须具备创新性、敏捷性和灵活性。

1% 的精进

The One-Percent Edge: Small Changes
That Guarantee Relevance and Build
Sustainable Success

第一章　实现 1% 的精进

马丁·安德烈·罗萨诺夫（M. A. Rosanoff）:"爱迪生先生，请告诉我我所需要遵守的实验室规则是什么?"

托马斯·爱迪生（Thomas Edison）:"这里没有规则。我们正在努力完成一些事情!"

想要让企业实现 1% 的精进，最重要的一点是要记住这不是通过一次改革就能取得的结果。为了维持企业的与时俱进和竞争力，你需要知道变化一直存在。你必须去适应，保持敏捷，并不断地去学习。

实现 1% 精进流程的关键体现在以下一系列问题中：

我们是否正在给市场一个改变其购买习惯的理由？

我们是否正在使用正确的工具和资源让我们的工作变得更加轻松便捷，而不是更繁重辛苦？

我们是否在不断地提升客户体验？

我们是否放眼未来去寻找新的机会和尚未被满足的需求？

我们是否清楚地表达出一个强有力的愿景？

我们的团队是否被充分授权？

我们是否接受改变？

我们是否拥有强大的企业文化？

如果你对这些问题的回答是肯定的，那么你正朝着正确的方向前进。如果你的答案是否定的或者是不确定的，那么你就要继续定义你的优势。在本书当中，在你反思你的企业的每个方面时，我们都会去问类似的这些关键性问题。

在后续章节中，我将会回顾企业当中需要应用到 1% 精进流程的各个层面。在你知道了这些具体的步骤之后，我将提供一些思路帮助你去形成问题，找出策略以及商业运行方式。对于企业的每个领域，这个流程都必须得到全面的贯彻。任何团体、部门、产品线或流程都无一例外。企业的每个元素都是相辅相成的，并且每个元素都必须保持敏捷和灵活性，去利用正确的资源。

作为流程的一部分，让我们看看企业会涉及的各个层面：

领导力

客户基础

产品和服务

员工

营销

流程和系统

财务

我将分别用一个章节来讨论以上的每个关键性主题。不断地在以上所有领域里做出细微的调整以及创新，这决定了你实现并保持 1% 精进的能力。

为了获得优势，你要做的就是提出这些问题并将这个流程应用到企业运营的所有 7 个层面上。这将是一个推动你从商业领域的籍籍无名之辈成为无可争议的领导者的计划蓝图。

以下是这个流程中的具体步骤：

问一些尖锐的问题

选择并确定优先等级

制订行动计划

执行

衡量和评估

重复

　　企业的领导者经常会陷入一种虚假的安全感。1% 精进流程正好与这种思维方式相反。当你的企业处于巅峰，正是你需要让它做出改变之时。亚马逊首席执行官杰夫·贝佐斯（Jeff Bezos）表示，当他的公司埋下这些"种子"——包括开拓媒体产品以外的业务、与第三方销售商合作以及走向国际化——需要 5 到 7 年的时间，才能让这些"种子"足以对企业产生深远影响。这就是为什么这个流程需要持续进行下去的原因。

　　在阅读流程中的具体步骤时，你可以去想象一下如何将它们应用到企业的这 7 个方面。

步骤一：问一些尖锐的问题

　　这个过程的关键点在于提出正确的问题，并开放地听取答案。企业的领导者往往会陷入一个心理陷阱，因为他们只关注让他们成功的东西却没有意识到市场正在发生变化。用时下流行的话来说就是优步化（Uberization）——指的是颠覆性的交通应用程序，它永久地改变了出租车行业。

　　你必须问一些非常尖锐的问题，这些问题是你不知道答案但必须要被问及的。你不了解你不知道的是什么，而正是那些你不知道的事情可能导致了你企业的破产。

首先，你必须抽离于企业日常运作的事务。当你陷入争端或遭受每日的压力时，你不可能对你的公司、市场和这个行业正发生着的事情有一个清晰的认识。

我们都被教导成根据历史数据和经验做出决定的线性思考者。在学校，我们会记忆材料，参加测试，然后如此循环往复。基于传统的教学方法，很少能有创造的余地。因此，作为企业的领导者和决策者，我们会诉诸伴随我们成长的方法论也就不足为奇了。正如斯坦福大学教授、杰出的科学教育家保罗·赫德（Paul Hurd）所言："事实太多，概念化太少，记忆太多，思考太少。"

线性思维并不能促进创新性的思维框架。富有创造力的人可能并不知道答案，但他们会习惯性地质疑现状，思考其他的出路和发展。要将创新融入公司的血液，你需要抛弃那些老旧的思考和决策的方式。为了找到创新的解决方案，你必须愿意重新构建你的问题。85% 的高管表示，他们的公司在与问题诊断做斗争。维持现状不是明智之举，企业成功的动力可能会在一段时间内帮你渡过难关，但这并不会撑太久。如果你迟迟未能采取行动，你的企业可能就会开始走向灭亡。

质疑你企业的每个方面。成功变化无常，不要沾沾自喜。当你处于赛局的巅峰时，你就需要更加努力以确保你能保住这个位置。所以请抛开你的自负。

我总是告诉那些陷入冲突的人，事情总有三个方面：他们自己理解的，别人理解的以及事实真相。对于每一种情况都存在其他的审视角度，所以我们需要培养从不同角度看待问题的能力。

结构化的诊断分析实际上会阻碍创造性思维。你需要重构你的问题，但要练就这项技能是需要时间和练习的。带着近乎孩子般的好奇心询问问题，这可能会让你感到有些不适，有时甚至会失控。最终难题和时机会结伴而来，这样你才可以及时地应对和处理它们。管理者和领导者往往对事情的结果进行合理化或者未能深入挖掘企业运营的数据而对现实情况视而不见。其中我母亲最喜欢的一句话是："数字会撒谎，骗子会算计。"数据可以用来为业务的下滑辩解。经济的衰退、恶劣的天气或更高的利率都可以用来作为企业业务滞后的借口。所以，要带来变革性的结果，我们就得重新审视现状。

看看其他行业正在做的一些具有创新性和革新性的事情，你可以从它们身上学到一些可以应用到你自己企业运营中的东西吗？关注那些你最欣赏的企业，你喜欢它们的是哪一点？这些特征是否适用于你的行业？你可能会惊讶地发现，当地咖啡店采用的商业策略对你自己公司的运营也是大有裨益的。

例如，当丽思卡尔顿的顾客在寻求帮助时，他们得到的回答总是："这是我的荣幸。"这句简单的话使该品牌在其竞争者中脱颖而出，并因为其客户服务而让该公司赢得了无数的奖项。想想如果你的一线员工开始使用"这是我的荣幸"而不是"没问题"，这会对你的业务产生什么样的影响。（顺便说一句，"没问题"这句话一度让我抓狂。）

发展和培养一些能够有助于你跟上所处行业以及其他领域的创新潮流的体系和习惯。有时候，你可以看到在其他行业实用的某些东西在你的行业里依然能发挥同样的作用。这将帮助你发展你的企业，并有助于发现那些未来可能会对你造成威胁的企业。

例如，在引言中，我讨论了宝丽来的消亡，但现在我要说的是，正如著名的播音员保罗·哈维（Paul Harvey）过去常说的那样："故事的其余部分。"

尽管宝丽来的主力产品生产线陷入了僵局，而且找不到任何替代品，但即时成像相机的想法并没有消失……嗯，没有完全消失。

如今，本质上与最初的宝丽来相机共享相同技术的即时成像相机正重新赢得人们的青睐。事实上，在亚马逊的相机和照片类别中，最畅销的产品之一就是宝丽来即时成像相机中的富士（Fujifilm）系列。此外，宝丽来也在销售其旧相机的新版本。

你看，有时通过将旧的想法引入新的一代产品中，你也可以成为一个创新者。你有没有注意到呼啦圈在千禧一代中有多流行？我在四年级的时候有过一个呼啦圈，如今我有一个负重呼啦圈，我用它来锻炼我的核心肌群。通过 1% 精进流程，有时旧的也可以再次成为新的。

你可以去一些优秀的网站挖掘那些新的又极具创造力的想法，包括众筹网站，如 Kickstarter 和 Indiegogo。另一个好的资源是 Product Hunt。每周浏览一次这些网站，看看是否有什么适合自己企业的想法。以免有人抢先一步做一些你们公司也可以提供的业务或者是一些正在形成的新想法，这会对你的企业有所影响。当然，要注意到不要侵犯别人的知识产权。

阅读并学习

"我读了很多书，"梅勒妮·格里菲斯（Melanie Griffith）在电影《上班女郎》（*Working Girl*）中所扮演的角色苔丝（Tess）说道，"你永远不知道伟大的想法会来自哪里。"

就像当你看向其他行业时，你可能会发现你的一些最好的想法来自你意想不到的地方。接触新的思维可以开阔你的眼界，并为你提供新的视角。就我个人而言，我不是一个体育爱好者，但阅读报纸上的体育栏目或体育相关杂志往往会激发我自己企业上的新想法。

并且，正如他们所说，知识就是力量。在快速变化的市场中，无论是对于个人还是公司而言，学习新的东西都能拓宽我们的眼界和思路。在我关于 1% 精进的播客系列中，有一部分是我对许多企业领导者关于改变的理解和想法的采访。你可以在 iTunes 上订阅这个节目。他们中的许多人热衷于冒险。他们会爬山，徒步穿越丛林，从飞机上跳下来。每一次经历都会让他们对生活产生全新的看法，激发他们的创造性。

利用创意练习

如果一个企业害怕做出一点点"出格"的事情，那么创新永远不可能在这里得到蓬勃发展。你需要营造一个允许任何事情都能顺利发展下去的环境。无论是关于一个新产品、新的服务还是你的工作流程的想法，都不应该被认为是疯狂的。

即兴发挥是激发创造力的好方法，有专门做这一类培训的公司，或者你也可以找点乐趣，自己亲身去试一试。在我的一门关于培养创造力的课程中，我会把一堆乱七八糟的东西（狗狗拖鞋、木勺、耳罩、扳手、打印机墨盒、牙膏）混合在一起，放入一个包中，然后把班里学生分成几个小组。每组都要选择里面的一件物品。他们的任务就是要在不事先讨论的情况下，成功地将该物品作为一个新的商业产品进行推销。团队会给每个成员标上数字，以确定发言顺序，然后其他人必须对第一个人提出的想法进行扩展。这非常有趣，并且每个人都能打开他们的创新思路。

即兴发挥能够给你的团队提供团结协作、迅速反应以及基于别人的想法构建新的思路的机会。你永远不知道他们会突然冒出什么新奇的想法。

Second City Works 是著名的喜剧培训学校 Second City 的企业解决方案事业部，它的首席执行官汤姆·约顿（Tom Yorton）表示："企业经营 —— 就像生活本身 —— 就是一场即兴表演。人们会制订计划，但如果他们接受了有很多事情是他们无法控制的事实，那么他们正在做的大部分事情就是去随机应变。"

我的朋友威廉·多尼乌斯（William Donius）写了一本名为《思想革命》（Thought Revolution）的书，本书可以释放出你的创造力，帮助你从新的角度看待你的企业。这个过程很简单，就是你要开始将笔从你惯用的那只手转移到另一只手。多尼乌斯说，用你不常用的手书写会激活我们的右脑，打开我们的创造性思维，能够以新的方式看待你的企业、职业、人际关系、健康和精神生活中的问题。

多尼乌斯在他的这本书中解释了这一理论背后的科学依据，并教会你如何将这一技能应用到你的企业和生活中。那些具有启发性、简单易做的练习和提示向你展示了如何充分地激发右脑的潜意识，以帮助你减轻压力，发掘潜能，治愈创伤。

营造一个有利于创造性的工作空间

你的工作环境能激发创新性思维吗？并没有多少企业领导者会考虑这个问题。在我创办我的互联网公司时，我们租赁的办公地点位于一个老旧的建筑里，里面没有任何的配套设施。我们用的是小型牌桌和借来的椅子。这个地方虽然不贵，但我真的很讨厌在这里工作。这里的一切都又脏又旧，我确信这影响了我们团队成员们的心情。当我们搬到了一个新的地方（粉刷一新，灯光明亮，还有合适的桌椅），这简直就是焕发新生！你可以感觉到整个团队士气高涨。

什么样的办公环境最能激发创造力呢？根据人力资源公司创意集团（The Creative Group）的研究，这取决于你的企业性质。当被问及何者为最能促进在职人员创新的最理想工作环境时，广告和营销高管回答得最多的是一个开放性的空间。而对于普通员工，他们似乎更喜欢独处的时间，所以私人办公室最受他们的青睐。

"不同的工作对工作环境的要求是不一样的，"创意集团的执行总监黛安·杜美雅（Diane Domeyer）说道，"办公室的设计应该紧密地契合一个机构的需求和一个团队的主要职责。雇主的主要目的应该是创造一个员工感到舒适、可以投入并能表现最佳的空间。"

关于创造一个更具创新激发性的工作环境，创意集团提供了以下几点建议：

建立创新性区域。在办公室里设定一些进行头脑风暴和临时会议的区域。在每个区域放上行业出版物和方便记下想法的画板。

提供私人空间。虽然开放式办公空间可以促进员工之间的协作，但是有一些项目则需要更多的专注。

广泛分布的工作站。提供个人可以独自工作而不受干扰的地方。

去办公室之外的地方进行思考。去附近的公园、庭院或咖啡厅召开团队会议。切换一下场景有时就能激发出你的想象力。

步骤二：选择并确定优先等级

成功的人和非常成功的人的区别在于，非常成功的人几乎会对任何事情说"不"。

——沃伦·巴菲特（Warren E. Buffett）

选择并确定优先等级的策略可能是 1% 精进流程中最困难的部分。字典把 priority（优先事项）定义为"某件事情被认为比另一件事情更为重要"。严格说来，你不可能有 10 个优先事项，因为这会迫使你问这样一个问题："这些事项中哪些要更重要？"你可以有一个以上的目标，但只有一个是最重要的。

如果你不能确定你的企业最重要的目标是什么，那么就不要期待你的团队都朝着同一个方向前进。因此，要解决如养猫一般的难题，你需要为你的团队制定一个简短的目标清单。

先列出你能做出的改变以及你所发现的机会，不要排除一切可能性，因为没有所谓的坏主意。然而，请记住，为改变而改变永远不能解决问题，正如为增长而增长可能会导致诸多问题一样。面对经济低迷或市场萎缩，许多公司通过收购其他公司求得生存，从而陷入了困境。收购不一定是坏事，但必须是在一定控制范围之内，独立的两家企业之间需要保持文化和价值观的一致，共同产生协同增效作用。

多年前，我在 ITT 工业集团工作。《洛杉矶时报》（*Los Angeles Times*）曾称该公司是"一家全球大杂烩，有时拥有从神奇面包（Wonder Bread）到安飞士租车（Avis rental cars）的所有产品"。在我任职期间，该公司收购了麦迪逊广场花园。由于 ITT 的业务混杂多样，人们很难描述它的性质。最终，由于负债累累，时任首席执行官的兰德·阿拉斯科格（Rand Araskog）开始变卖各种业务实体，但这还不够。由于无法确定自己的发展方向，而且负责运营的领导也没有能力管理这众多业务，该公司于 1995 年 6 月宣布将分拆为三家独立的上市公司。一位分析人员称这是美国企业界的分水岭事件。

《纽约时报》指出："ITT 工业集团的解体进一步证明，在 20 世纪 60 年代和 70 年代风靡美国商界的大型企业集团如今已过时。许多专家认为，在一个企业必须做到敏捷和高效的时代，这种大型企业集团显得过于笨拙。"所以你要确保深思熟虑之后做出决策，并且拥有组织能力和领导力成功地管理这些决策。

你不能害怕失败。然而，当你在做优先策略时，你要问一个重要的问题："我能够承受的损失是什么？"我投资了几部百老汇音乐剧。当然，我看了附有财务预算的招股说明书，但就像任何新的企业一样，我们可能都会对其期待过高。就像它的名字所暗示的那样，这些财务预算只不过是一种设想。我的观点是，当我投资时，我考虑的是我能承受的损失是多少，而不是我能在投资中赚到多少钱。

我最近投资的百老汇剧目是《欢乐之家》(*Fun Home*)。有人找过我投资其他剧目，但我选择了《欢乐之家》，不是因为它的招股说明书（虽然它看起来很可靠），而是因为它讲的是一个在殡仪馆长大的女孩的故事。我的父母开了一家殡仪馆，所以这似乎是命中注定的。事实证明，我做了一个明智的选择，这部剧获得了包括最佳音乐剧在内的五项托尼奖。有时直觉比世界上所有的预测和调查研究都要准确。

作为一个企业的领导者，你需要去思考新的时机，而不是目光短浅地关注数字。当你尝试一个新产品，聘用一个新员工，或者采用一个新的业务流程，你要问问你自己，你可以投资的合理预算空间是多少，这样在投资失败时，你的企业才不会面临破产或者分裂。这种成本不仅仅是金钱方面的衡量，还要考虑到团队消耗和品牌风险。

根据惠普记忆计划，比尔·休利特（Bill Hewlett）要求撰写一份市场研究报告，该报告指出手持的科学计算器将不会有市场。在 1972 年，一种新型计算器的成本几乎是当时市场上标准计算器成本的两倍。因此，该报告预测该公司的手持科学计算器（HP-35）每月的销售量不会超过 1000 台。休利特做出了一个大胆的决定，继续推动生产 1000 台 HP-35。HP-35 的销售额一路飙升，每月销售超过 1 万台。

　　在第八章"财务精进"中，我将阐释倾听公司的数字所揭露事实的重要性。然而，当你在探索新的时机实现 1% 精进时，你不应该在真空中看待这些数据。我的医生很了不起。每年我去体检时，他都会和我一起过一遍我所有的体检结果，但是接着他会让我说一下自己感觉如何。他曾经解释说，数字只是体检过程的一部分，他必须倾听病人的诉说，才能了解全貌。在权衡是否进行投资时，要考虑你的预测，但也要倾听你的市场、团队、投资者，以及最重要的，你的直觉。毕竟，作为领导者，你要负责策略的实施。

减少无谓的负担：没有什么是神圣不可侵犯的

　　　　每个组织都必须准备好放弃它所做的一切，以便在未来求得生存。

　　　　　　　　　　　——彼得·德鲁克（Peter Drucker）

当你制定优先等级时，要做好减少负重的准备，从你的产品或服务开始，向自己问以下几个问题。你正在失去市场份额吗？你的利润空间被缩减了吗？当你在苦苦挣扎时，你的竞争对手做得好吗？你的产品或服务似乎总是在"打折"吗？你的团队是由合适的人员构成的吗？你是否在利用正确的资源提高企业的生产力和收益性？你们的市场规模是否正在缩小？你的产品或服务是否离与时俱进越来越远？

当你在努力不断地革新你的企业时，你需要质疑它的每个方面，而不仅仅是产品和服务的供应。所有企业所能负载的信息都是有限的。所以，如果有一个因素让你的企业陷入了困境，现在就是时候和它一刀两断，推陈出新。

在引言中，我分享了凡士通轮胎公司的消亡史。在 20 世纪 60 年代末，许多人认为它是美国管理最佳的公司之一。然而，它的巨大成功也许是它在子午线轮胎引入美国市场时未能正确做出反应的主要原因。当公司面临来自国外新的竞争对手时，它仍坚持过去的经营方式，并没有根据子午线轮胎更高的质量标准重新设计生产流程，而是不痛不痒地对其进行了一下调整。

此外，凡士通没有关闭那些生产传统轮胎的工厂，尽管这些传统轮胎将很快失去市场已经是显而易见的事情。1979 年，该公司不得不租用仓库存放未售出的轮胎。那一年，其国内轮胎的业务就消耗了 2 亿美元现金。最终，该公司被普利司通公司以极低的价格收购。

被普利司通公司收购说明了一切问题。20 世纪 60 年代，当凡士通因被认为是美国管理最佳的公司之一而自鸣得意之时，普利司通（一家日本公司）却正忙于采用由美国工程师，著名的威廉·爱德华兹·戴明（William Edwards Deming）所提出的创新质量控制系统。

我们如今谈论的市场扰乱是由技术所推动或使之成为可能的，但混乱并不是什么新鲜事。20 世纪 70 年代，日本的质量控制革命开始造成同样程度的混乱。美国汽车制造商被降级到二线地位（我们在第七章"流程精进"中对此进行深入研究），消费电子产品制造商也纷纷撤离。

我建议你要投入略高于预算的金额努力提高你产品的质量，提供更好的产品或服务将使你的企业在竞争激烈的市场中脱颖而出。

除了提高顾客忠诚度以外，这也向你的员工传递了积极的信息，在很多情形之下，这会让他们的工作变得更加容易。

当你遵循 1% 精进的流程时，记住不要让你对产品、服务、流程或人员的情绪影响到你的客观性。当有不祥之兆显现时，你要解读它并留心。不要依赖于过去的荣誉，不要为转变而悲伤，不要将今天的自我价值建立在昨天的成就之上。

步骤三：制订行动计划

首先列出你对企业运营的策略和假设。通过阐释清楚你的这些假设，你将能够判断出它们在未来是否能够奏效。然后，明确相应时间表，确保你公司的每个人都了解他们自己的角色和职责。重提这一点很重要。太多的行动计划在制订之初就被遗忘了。记住，我们谈论的是一种能改变公司本质的经营方式，如果没有不断地强化，这种改变是不会发生的。

对风险因素的评估亦是明智之举。你能承受的损失是什么？如果失败了会发生什么？有哪些竞争的风险即将出现？你是否选择了正确的基础设施？

顺便说一句，这不是你祖父的五年计划。这个计划旨在推动你快速前进。对于如今的市场，时间至关重要，敏捷性是关键。僵硬死板的五年计划将会束缚住你，让你不能灵活地适应市场的变化。

麦肯锡公司董事长洛厄尔·布莱恩（Lowell Bryan）解释说："你必须放弃掉那种可以预测未来的自满。"他说领导者需要"航行"于这个处于不断动态变化的时代。你通过大致的估算基本上就可以判定经济的动态走势，这样的时代已经一去不复返了。"你能说六个月后的经济会是什么样子的吗？"他问道。布莱恩认为，实时做出决策是当今市场的一种要求。

步骤四：执行

好的计划离不开行动。一旦你决定了你的方向，就要采取行动。不要因为追求完美而停滞不前。你可以在前进的过程中对它进行调整和修补，一边前进一边去了解什么是可行的，什么是不可行的。如果你等了太长时间让每件事情都尽善尽美，这可能会让你失去良机，而其他更敏捷的人将会趁势而入，抢占先机。

步骤五：衡量和评估

创新的领导者需要灵活应变，愿意放弃失败的策略。一个想法起初可能看起来是极好的，但现在你发现你不能固执己见，花冤枉钱。并且我得补充一句，把握时机至关重要。坚持失败的策略是徒劳无功的，而且它有碍你争取到更好的机会。

皮克斯动画的导演安德鲁·斯坦顿（Andrew Stanton）说："人们需要尽可能快地犯错。在一场战斗中，如果你面对的是两座山峰，而你不确定要攻击的是哪一座，那么正确的做法就是赶紧做出选择。如果你发现那不是你要攻击的山峰，那就转身去攻击另一座山峰。"

死磕到底还是调整适应

在审查了你的结果、你的团队之后，你必须做出决定，是坚持下去，做出调整，还是彻底放弃这个计划。这就是为什么做出最初的假设、设立评估值和基准是非常重要的。在这个过程中，如果你决定放弃这个策略，那么要当断则断并继续前进。你要从失误中吸取教训，保持继续前进的动力。要想取得突破性的增长需要我们忍受不断的尝试并摆脱以往的经验。

如今，一些最大的品牌都经历过失败。1993 年，苹果公司推出了牛顿（Newton）个人数字助理，但是其体积过于庞大而且价格昂贵。在推出我们今天所熟知的惠普产品之前，惠普创始人比尔·休利特和戴维·帕卡德推出过保龄球馆罚球线指示器、望远镜的时钟驱动器和帮助人们减肥的振荡器。宝洁公司（Procter & Gamble）曾是辛辛那提的一家蜡烛制造商。

步骤六：重复

因为实现 1% 的精进是一个流程（一种经营企业的模式），所以你必须从一开始就要不断地去重复使用这一策略。通过实施这个流程，你将能够更好地让你的企业在不断变化的市场趋势中与时俱进。

1% 的精进

The One-Percent Edge: Small Changes
That Guarantee Relevance and Build
Sustainable Success

第二章　领导力精进

领导力是将愿景转化为事实的能力。

——沃伦·本尼斯（Warren Bennis）

既然你已经了解了这个涵盖 6 个步骤的流程是如何运作的，那么你将负责运用这个方法掌管并带领你的团队。对于大多数人来说，运用这个流程需要在心态上有一个重大的转变。记住：改变你的态度，就会改变结果。

公司领导人是说到做到，还是只是说得头头是道？

他们是否拥有合适的工具和资源让工作更加智能化并做出有效的决策？

他们是否考虑、商讨并致力于提高客户体验？

他们是否放眼未来寻找新的机会和未被满足的需求？

他们是否清晰地表达了能与员工、客户、合作伙伴和供应商产生共鸣的强烈愿景？

我们的领导者是如何授予团队权力的？

高级管理层是否愿意接受改革？

做出改变的想法是让人害怕的，因为其中存在着一种对未知的恐惧。1% 精进流程是为实现创新的一种科学严谨的方法，是企业各个层面一种集中的、渐进式的发展，它能让你的企业主动出击而非消极应对，并且，我们讨论过，消极应对的策略通常是行不通的。

好哇！那又怎样呢？要言出必行

当我在企业工作时，我要为首席执行官写演讲稿。每年首席执行官都要做一次演讲，给公司上下的人员加油打气。当时流媒体视频还未诞生，演讲会在公司总部进行，我们会把它录下来，然后邮寄到公司在全国各地的办公室，这样他们就可以在当地集体观看。当我离开公司时，我几乎可以在睡梦中写好演讲稿。这些演讲稿有很多鼓动人心的言语，包含那些热情澎湃的"无人能及"的目标。有几次我甚至制作了一些时髦的视频配合演讲里面的言论。

这些活动很有趣，但尽管在演讲中有宣称这些创新的策略以及对整个团队的褒奖，在一周左右的时间里，企业的一切又回复往常（老样子）。事实上，在我离开公司一年后，他们在一家豪华酒店举办了这个活动，美国和欧洲的许多高管和经理都专程赶来参加，每个人都收到了一份精美昂贵的礼物。但就在第二个星期，他们解雇了数百人。我以前的一些同事说，员工们宁愿用花在举办这些"打气"活动中的所有钱保住一些职位。

加油鼓劲的活动可以鼓舞人心，并且它也是一个可以让你的团队为你宏大的愿景做好准备的好方法。然而，众所周知，行胜于言。当所有的话都说完，晚会成为回忆，不作为的行为也就失去了推动它的力量，这会导致整个团队自由散漫。

作为一名公司金融服务领域的营销主管，我曾和那些精打细算的人一起清算公司的几乎每一笔支出。如今，当我以演讲者的身份参加这类会议时，我有时候会四处看看，思考着这些投入的资金，然后好奇这个公司是如何衡量它的投资回报的。

所以，无论你投入的是时间和人才，还是直接投入的资金，或者是以上都有，你都必须有一个执行计划。遵循1%

精进流程，对其进行衡量和调整将为你的团队提供见证成功并最终取得成功的方法。

采取行动：培养具有优势的领导技能

首先，为了发挥这 1% 精进的杠杆作用，领导者必须愿意摒弃对所有事情先入为主的想法。源于心理的观点角度往往是束缚我们的枷锁。事实上，我曾经教过一门关于企业家成长策略的 MBA 课程，在这个课程中我强调，当你在学习一项战略时，它已经过时了，意识到这一点非常重要。在当今的商业界中唯一不变的就是变化，而且变化的步伐正在不断加快。如果你安于现状，那么你的企业就会失去与时俱进的机会。所以，当你开始这段旅程时，请保持头脑清醒，做好准备，迎接这个令人激动的新的冒险。

乐于听取意见

我们所有领导企业的人通常都对自己的想法充满自信。但要充分发挥这 1% 的精进作用，你就不能只关注你自己的想法。如果你感觉你提出的策略正好是企业所需要的，你就很容易过于信赖它。让我们面对现实吧：我们都有自我。然而，为了我们的企业能向前发展，你必须听取来自公司所有利益相关者的反馈意见。未能倾听他们的意见会导致重大失误，甚至造成企业倒闭。

最好的领导者不会让自己的身边围绕着那些只会奉承讨好，对他们所说的一切或者提出的建议点头附和的人。《快公司》（Fast Company）联合创始人威廉·C.泰勒（William C. Taylor）在《哈佛商业评论》（Harvard Business Review）上撰文称，真正的领导者谦逊有礼，并且欢迎不同的意见。泰勒说："谦逊为雄心壮志服务，对于那些渴望在充斥无数未知的世界里做大事的领导者来说，这是最有效和可持续的思维方式。"

迅速做出实时的决策

今天，企业领导者可以根据实时数据做出明智的决定。关键是要利用这些信息审视你为实现 1% 精进而采用的策略所产生的结果。在关于流程的那一章节中，我将向您展示一些工具，你可以利用这些工具让你在企业评估中更加得心应手。你需要仔细倾听，这意味着你不应该试图对结果进行合理化的处理。尽量客观地看待这些数据。要相信你的数字。

理智地做出大胆的决定

没有什么比领导者不断改变自己的定位更糟糕的了。正如人们所说，选择一条道路并且一直走下去，直到这条路很明显走不通为止。1% 精进流程提供了一种评估机会的机制，让我们确定当时哪些是最明智的选择，建立行动计划，然后评估结果。你的团队需要知道这个流程是奏效的，一旦我们决定开始实施一项决策，那么每个人都需要全力以赴。

你可能曾与管理方式很时髦的领导共事过。他们总能想出一些新的东西，但却没有说清楚这其中的变化是什么。就像我之前说的，为了改变而改变并不是一种策略。所以一旦做出了决定，你就需要解释清楚这个决定是如何做出来的以及为什么要做出这样的决定。当你审视结果时，你就该考虑对其做出调整或者是另谋出路。

永远不要急于下结论。

"哦，那是行不通的。"

"你在开玩笑吧？这个想法太疯狂了。"

如果我每次听到有人对我说"苏珊，你不明白，我的企业不一样，这些策略在我的企业里是行不通的"，我就会得到一毛钱的话，那么我会成为一个非常富有的女人。运用1% 精进方法的领导者是不会说这样的话的。你必须营造一个安全可靠的环境，让你的团队成员可以放心地不断挑战极限。我的一个老板曾经告诉我，他给了我足够允许失败的空间。换句话说，他希望我能负责想出新点子和发现新的机会。

当然，你需要庆祝你的团队所取得的成功。你知道父母是如何在墙上标记孩子的身高，这样他们就能实际地看到孩子们所取得的进步？这种可视化的做法同样也可以帮助到你的团队。你如何了解你的企业在新的战略下的发展情况？当达到或超过你的目标时，你要敲锣打鼓，吹起口哨，大声地喊出你们的胜利！

然而，当你专注于实现1% 的精进时，你也可以打破一些常规。一些公司甚至会奖励失败。为什么呢？因为它显示了人们的主动性和尝试新事物的渴望。宝洁公司就是这样做的。当一款游戏失败时，芬兰移动游戏巨头公司 Supercell

会打开一瓶香槟庆祝。想要开怀一笑，你可以去看看美国第二大冰激凌制造商班杰瑞（Ben & Jerry's）专为各种被放弃掉的冰激凌风味所设置的墓地。是的，甚至像班杰瑞有时也会做一些离谱又大胆的尝试。想象一下我们吃过的一种叫麦芽球朗姆酒的冰激凌！虽然你的企业可能不具备数量可观的资源测试新的策略，但是你可以通过在一个小群体中先测试这个革新的策略，然后再推广到整个公司，道理都是一样的。坦白地说，如果你领导的是一个较小的企业团体，这将更有利于你利用 1% 精进流程，因为你可以快速地实施一个计划并快速地对其进行调整。然而，随着你的企业的成长 —— 如果你坚持运用这个流程的话，你的企业必定是会不断成长的 —— 你一定要确保培养这种创新的火花，这样你的企业才不会成为一头行动迟缓的大象。

诚实可靠

谈论领导力的文章有很多，但在 1% 精进流程语境中关于领导力的探讨并不是一项学术研究。它是一种常识性的训练。生活的任何方面所发生的改变总是会让人心生恐惧。所以作为一个企业的领导者，你需要确保人们对你有信心。

无数的研究表明，人们最希望他们的领导者是诚实和可靠的。作为领导者，获得这种信任很简单：永远保持开放的心态和诚实，保持信息的言简意赅并使其立足于公司的使命和价值观。你需要来自团队多元化的思想和经验帮助你的公司实现 1% 的精进，你还需要赢得团队成员们的心，因为你想让他们投入公司的愿景中来。

在创新型企业中，会自然产生出一种紧张感：为了能在日益异质化的市场环境中获得成功，它们需要追求多样性以便促生富有创造性的想法，并建立统一的目标，这样每个人都能朝着同一个方向前进。

这给领导者带来了巨大的挑战。虽然你必须制定和落实内部规则，这些规则要求企业的上下级要相互尊重，但这些品质需要由你带头。你要努力组建一个领导团队，体现出你的企业所需要的多样性，尊重不同的观点和想法。

对你的团队开诚布公。当你的员工开始意识到幕后还有其他人时，他们可能会继续表演，但是不会百分百地投入，而且他们的士气会随着企业生产率和赢利能力的下降而低落。

如果你尊重他人，并营造出一种氛围，能让人感到即使是一个稀奇古怪的想法也能得到公平的考虑，这将有助于创造团结。而且更为重要的是，这可能有助于你获取成功。而在商业中，成功就是伟大的统一者——这是每个人都梦寐以求的。

认识到情商的重要性

我们经常谈论"房间里最聪明的人"。我们欣赏聪明才智，因为我们知道这是一种受人尊敬的品质。如果我们认为自己拥有这个品质，我们很可能就会去向人炫耀。

但是，当你在领导别人时，成为屋子里最聪明的人还不够，它甚至可能都不是领导者最重要的品质之一。拥有情商——通常称为 EQ（emotional quotient 的简称）——对领导者来说是至关重要的。

拥有情商的人能够意识到并认清和管理自己以及他们正在接触的人的情绪。领导者不会让自己的情绪左右自己。第一步就是要能在认清你的情绪开始掌控你的时刻，及时地悬崖勒马。

你可能会提出异议。你可能会说你控制不了别人的情绪，这在一定程度上是正确的。然而，我相信你见到过那些自然而然就能让人在紧张、情绪化的情境中镇定下来的人，也见过那些能振奋人心的人。当我情绪低落时，我会想待在一些人的身边。

我的一个朋友曾经是一个学校活动的成年主管，这个活动是为高中所有年级的学生举办的。有几个孩子设法从举办这个活动的餐厅溜了出去，很快就被逮住了，但是其中一个偷溜出去的孩子的母亲非常生气，对着我的朋友大发脾气。

我的朋友一边听着她的抱怨，一边重复这位母亲的一些观点，以确保自己正确理解了她的诉求。在她一顿抱怨后，这位母亲说："我一点也不生气了。"她明白自己的儿子并没有真的做错什么，她也很惊讶自己的怒气竟消失得这么快。在意识到那位母亲并没有生自己的气之后，我那位高情商的朋友并没有把这位母亲的抱怨当成针对他个人的不满。

简单地说，拥有高情商的领导者仅仅是出现在那里就能够使情况变得更好。

照镜子

在你不断去理解、运用和实施 1% 精进流程的过程中，你将发现它的指导性实际上涵盖了公司的方方面面。不管你的企业有多大，那么现在问题来了，在如此殊异的不同商业领域中，你是否具备实施 1% 精进流程的知识和经验？

最好的领导者知道自己不知道什么，他们会把合适的人带到自己的团队中来，让他们引领自己不是很擅长的领域。

在互联网发展的早期，我的一个熟人在一家公司工作，这家公司正在从目录邮购书商转型为互联网图书销售商。这家公司的创始人金融背景雄厚，并且在邮购目录业务上有丰富的经验。然而，他却是个计算机盲。

一开始，他坚持要做过多关于公司互联网战略的决策，但幸运的是，他很快就意识到，在这部分的运营中，很多东西都超出了他的能力范围。于是，他把公司在技术和网络销售部分的工作移交给了更为了解情况的人员，而自己则专注于财务和后台运作，而这正是他的强项。

你的强项是什么？你的弱点呢？俗话说：一个团队的强大程度取决于它最弱的那个队员。当你了解了在企业中运用 1% 精进流程需要做些什么时，你要问问你自己，在每个领域，你是否都是那个合适的领导者。你自然可以给那些在你并不擅长的领域工作的人指明方向，给予他们启发，但你并不会想过多地妨碍他们。

在我们结束对自己的一个小小审视之前，让我们快速地盘点一下能成就一个好的领导者的品质特征，这些特质中许多可能就是属于你天性中的一部分。当一个人具备大部分或全部这些品质特征时，我们就会给他们贴上"天生领导者"的标签。（不过，我想我们大多数人都会承认，我们在一些领域还存在不足。）

花几分钟思考一下，作为优秀企业领导者应具备的这些品质：

展示一贯的态度和行动

信守承诺

忠诚于人

随时待命

善于表扬

善于计划

承担商业决策的责任

做好表率

充分了解重要问题和小细节的区别

是一个好的倾听者和沟通者

是一个有想法 / 眼界的人

是人们征求建议的人

不惧向别人寻求意见

喜欢新项目

情商高

没有一夜成名

将 1% 精进流程引入企业，使其成为企业的常规操作方式，这需要多长时间才能实现？这取决于你这个企业的领导者，你的沟通、实施和领导执行的能力将决定你的团队实现这一点所需的时间。这可能立即就能实现，也可能需要一周，一个月，甚至更长时间。然而，所花费的时间越长，你就越不可能把你的公司 —— 你的品牌 —— 定位为具有优势的企业。在 1% 精进流程中，这个故事远没有结束，它需要你不断地重新评估和保持敏捷性。

1% 的精进

The One-Percent Edge: Small Changes
That Guarantee Relevance and Build
Sustainable Success

第三章　客户精进

"优秀"是"卓越"的敌人。

——吉姆·柯林斯（Jim Collins）

数字技术和信息（包括大数据）已经改变了企业和客户之间的关系，这种改变方式在我们的上一辈几乎是无法想象的。你潜在的顾客和客户比以往任何时候都要更了解你的企业，而你也有可能比以往更了解你的顾客。双方都有更多的权力选择和谁做生意以及如何做生意。

企业领导者所要面临的挑战是要从双方的角度看待彼此的关系：你需要了解你的潜在顾客是如何发现、看待你的品牌的，以及是如何与之互动的。同时你必须找到那些最有可能对你企业的竞争优势做出积极回应的消费者团体。一旦这个团体被确定下来，你必须与他们沟通交流，并正确地照拂到他们的感受。

我们是否给了顾客一个改变他们购买习惯并爱上我们产品的理由？

我们是否利用技术、工具以及资源为客户提供最好的服务？

我们是否在不断地提升客户体验并满足他们的期望？

我们是否已经向我们的客户群和我们的潜在客户明确表达了一个强烈的愿景？

我们的团队成员是否接受过培训并被授权为客户提供服务？

我们是否对市场变化和顾客购买习惯的改变及时做出反应？

事情是这样的：无论你在哪个行业或者企业，你都是在与人打交道。而且你与客户双方的权力平衡已经发生了变化。如今，客户掌握主动权。无论你的交易类型是企业对企业（B2B）还是企业对消费者（B2C），客户都比以往更了解你的企业、产品和服务。在做出购买决定之前，他们会研究和比较不同的店铺，阅读网上的店铺评论和评级。

随时待命公司（[24]7）是客户互动方案方面的全球领导者，发起了一项对 1200 名美国消费者的调查，调查发现每 5 个消费者中就有 4 个（79%）在一周内体验到了糟糕的客户服务后就会选择将其业务转向其他商家。

企业领导者面临的风险

任何规模的公司都没能意识到客户的权力正在不断地增长。[24] 7 的创始人兼首席执行官 P. V. 坎南（P. V. Kannan）表示，消费者比以往有了更多选择。所以当客户体验不佳时，他们不会觉得自己必须要对某个公司保持忠诚。

坎南表示："消费者与品牌互动的方式已经发生了巨大变化，然而许多企业的客户服务和销售方式仍停留在过去的模式。正因为如此，品牌要与自己的消费者保持一致并让他们按照自己的方式参与进来，这比以往任何时候都要显得重要。"

说要成为一个以客户为中心的公司并不能就此实现，你的计划必须得到最高领导层的授权。你必须建立一个指标衡量客户体验，就像你会为企业的其他方面所做的那样。

为了确保你得到结果的准确性，首先要提出一个衡量基准：调查客户的体验感受。建立一个客户顾问团，以便了解你目前的处境。另一个测验方法是让你的客户用一个词描述你的企业。然后将这些词可视化，用小号字体写出出现最少的词，用大号字体写出被提到最频繁的词。这是否是你想让别人看到的公司形象？这就是你所认为的客户看待你的方式吗？

作为确定优先级流程的一部分，首先要选择问题最为突出的领域。你可以采取什么样的措施改善客户的体验？应该采取什么措施强化你的企业占据优势的领域？

别忘了了解员工们的满意度。员工快乐了，顾客也就会高兴。这是一个基本的真理。企业组织中的所有人都需要认识到客户体验的重要性，以及在其中他们所要承担的责任。你必须给员工们强调，他们所要服务的顾客是他们在企业工作的原因，顾客是终极老板，是顾客在支付他们的薪水。

正因为在 1% 精进流程中最困难的部分是执行，你要任命一个或多个内部负责人（这取决于企业的规模），鼓励那些为以客户为中心的企业精神做出表率的团队成员。

检查客户的保留度

在评估你与客户互动是否成功时，一个非常重要的数值是客户终身价值（LTV）。你能留住客户吗？还是说他们像是处在旋转门中，老是进进出出？算出 LTV 值的最简单的公式是将三个数值相乘：出售给每个客户的产品或服务所创价值（净利润），每年每个客户的重复订购次数，以及客户保持年限（如果客户保持不足一年的，用分数来表达）。

例如，如果你出售给某个客户产品或服务所赚净利润为 100 美元，他每年的回购次数是 12 次，保持年限是 10 年，那么该客户终身价值就是 100 美元 $\times 12 \times 10 = 12\ 000$ 美元。

你的公司是否注重保留客户？许多的企业更多地关注获取新的业务，而不是去留住现有的客户。因此，现有的客户可能会感到被忽视了。这些企业认为，一旦公司拥有了客户，就不需要再密切关注这些客户了。因此，这些客户可能会转投其他公司。如果在你的企业中存在一种自鸣得意的感觉，你需要唤醒你的团队，并制定策略，将你现有的客户变成忠诚的粉丝。

减少不必要的负担

获取顾客的方式不一样，那么对待他们就不该一视同仁。为了维持企业的创新和增长重点，你有时需要排除掉某些客户或者降低服务水平以减少不必要的负担。

不久前，我发表了一篇来自著名客户服务专家谢普·海肯（Shep Hyken）的投稿文章，题为"不要只是解决问题，去解决客户"。我觉得这个标题很有趣，因为顾客不都应该是对的吗？谢普明智地指出，修复与客户的关系与解决他们在你的产品或服务中所遇到的任何在技术层面的问题一样重要。然而，有时你需要切断与某些顾客或客户之间的关系。虽然我们很讨厌这样做，但有时我们不得不去"解雇"顾客。

当然，要做出这样的决定很难。现在你可能会对你的一个或多个客户感到不安，但是你只是对下一步该做什么感到不适而已。我会给你提供一些观点、指导方针和基本原理帮助你做出正确的决定，并让你有信心实施你的决策。

你了解企业生产产品，购买库存，或提供服务所需的成本。然而，你知道你的团队在销售和提供服务时所花的时间吗？（在第七章《流程精进》中，我将更深入地讨论对时间的追踪。）

例如，如果你拥有一家打印店，然后你发现有一个顾客所占用的时间是普通顾客的三倍，那么这大概就是你该拒绝这单生意的时候了。对于你的销售团队，道理亦是如此：如果达成一笔交易和维护一个挑剔的客户比一般的客户耗时更长的话，你最好还是早日放弃，开始下一单生意。

的确，时间就是金钱。而当一些客户所占用时长远远超过其他顾客的平均时长时，你就会陷入错失时机的境地。你的时间最好是花在寻找那些新的不那么苛刻的客户上。

捣乱的顾客

有些客户简直会让人头疼不已。如果他们只是挑剔或性格古怪，那通常没什么大问题。然而，有些行为却是越界了，例如：

　　不尊重你的员工

　　忽视个人界限

　　不诚实

　　造成太多的负面影响

你得把你的团队放在第一位。如果你的员工在工作中感到安全和快乐，这将会投射到他们所做的每一件事情上，那么你的小企业将会极大地受益。如果他们感受到了威胁，被轻视，或者被负面情绪笼罩，这也将反映在他们的工作当中，企业生产力会有所下滑，客户关系将受到影响，员工流动率将会大幅上升。

并且，如果一个客户是不诚实的，那么要和他发展一个长期的业务关系是不可能的。你应该笃定你的客户会遵守他们的协议。如果你继续和一个你知道不诚实的顾客合作，你最终会吃亏上当 —— 而且这还是你自己犯的错。

从长远来看，没有这些问题客户，你的企业将会更加繁荣。

欠账的顾客

尽管对于各种规模的企业来说，处理逾期支付的客户是很常见的事情，但对于一个较小的企业来说，这更具挑战性。你必须对此划定自己的底线，停止贷款，停止向客户销售或提供服务。

时刻关注客户欠款数目。它是在显著下降，保持不变，或者甚至在增加？如果客户没有承诺支付余款，那么是时候切断这种关系了，把账单收起来，然后继续前进。

当我在描述那些可能有点挑剔或者古怪的顾客时，我指的是人与人之间的层面。现在我想谈谈那些总是对你的产品或者服务提出特殊处理或者更改要求的顾客，而其他顾客似乎从来没有提出过这种要求。如果他们提出的更改或调整是比较微小的，那么你就没有理由对此感到不安（这些甚至可能有助于促进业务的改善）。然而，如果这些改动太过巨大，而且总是被提出来，还缩减了你的利润空间，那么你就需要采取行动了。这些人也可能是那些总是要求特价的顾客，如果你拒绝他们的要求，他们就会感到被冒犯了。

1% 的精进来自留住那些正确的客户 —— 那些随着时间的推移会带来最大收益的客户。所以，麻烦请走那些问题客户。

与客户一起与时俱进

你有没有这样的朋友，他们的外貌从高中就没有变过？你向他们要一张大头照的话，你得到的可能是一些看起来像是他们高中学生时期的照片。作为婴儿潮时期出生的一代人，我竭尽全力跟上时代发展的步伐。（有些人甚至说我看起来和我的年龄不符。）我的同龄人往往看起来古板而迂腐，即使事实可能恰恰相反。我们都知道人们惯会以貌取人。

企业也是如此。如果你的公司几十年来不管是看起来还是感觉起来都是一成不变的话，这可能会让那些新来者望而却步。例如，著名的豪车品牌凯迪拉克（Cadillac）逐渐失宠，因为年轻的买家认为凯迪拉克是他们祖父母辈开的车，这些购买豪车的顾客，他们的平均年龄为 61 岁。

根据美国人口普查局的数据，美国 7540 万的千禧一代 [①] 已经超过了 7490 万的婴儿潮一代 [②]，并成为美国人数最多的一代。此外，预计到 2028 年，X 一代 [③] 的人口将超过婴儿潮一代的人数。因此，企业不得不重新审视和思考自己的品牌和产品定位，以保持自己的影响力。

为了应对购车人群年轻化的转变，凯迪拉克正致力于吸引这一市场，推出了重新设计的更具时尚感并配备了引人注目的信息娱乐系统的车型。它甚至还推出了一个新的车标。

---

① 千禧一代，英文为 Millennials，也作 Y 一代，指出生于 20 世纪 80 年代和 90 年代的人。——译者注
② 婴儿潮一代，指第二次世界大战结束后，1946 年初至 1964 年底出生的人。——译者注
③ X 一代，指出生于 20 世纪 60 年代中期至 70 年代末的人。——译者注

以往桂冠环绕的凯迪拉克徽标如今已成为历史。据 Motor Authority 网站介绍，新车型的徽标"更时尚且简约"，最能体现该品牌长期坚持的艺术与科学设计理念。但是目前来看，数据显示这艘船的转弯速度很是缓慢。

汽车评价公司凯利蓝皮书（Kelley Blue Book）的资深研究总监卡尔·布劳尔（Karl Brauer）表示："一旦你被贴上了与年长买家联系在一起的（品牌）标签，你就真的会在年轻买家这里陷入困境。"他补充道："没有一家制造商希望自己被称为老年人的汽车品牌。"

另一个意识到需要重新定位以吸引年轻用户的品牌是诺德斯特龙（Nordstrom）。这家成立于 1901 年的高档零售商，主力客户是那些拥有可自由支配收入的老年人。但它也意识到，为了吸引城市里新的年轻客户并保持企业的与时俱进，它必须改变自己的定位。该公司更新了外观，并在门店专辟了一块名为"Space"的区域，专注于年轻的设计师和更时尚的风格。

该公司还转向年轻人喜爱的 Snapchat 和 Instagram 等社交媒体平台，以吸引这一目标市场的年轻用户。此外，该公司的直售店 Nordstrom Rack 的引入，为完全不同的受众提供了机会。在零售店和直营店购物的顾客只有 10% 到 20% 是重合的。诺德斯特龙发言人帕梅拉·洛佩兹（Pamela Lopez）表示："我们这一行的每个人都需要新的客户。"

你准备好接受这些人口统计的事实了吗？多样性这个术语在各种各样的语境中被广泛使用。这个词被用得如此之多，如此频繁，以至于会面临着有失其本意的风险。或者，我们可能会忽视其重要性。

我刚才说到了千禧一代的一些重要特征，但情况远比这复杂（多样）。当我说如今的消费者群体被划分为比以往更多的群体和次群体时，我并没有在夸大其词。

作为一个移民国家，美国长期以来一直是这个星球上最多元化的大国。事实上，近几十年来，其多样性的增加有两个基本原因：

　　人们的寿命增加了。

　　移居美国的人越来越多，而且他们来自的国家也更加多样化。

就第一点而言，婴儿潮的一代人、X 一代人、千禧一代和 Z 一代人 ① 都是重要的消费群体。我们当中甚至还有"沉默的一代人"——那些出生在二战期间及之前的人。

当你把第二点放在这几代人身上时，情况就更为有趣了：年长的几代人中显示出更多的相似性。而当你看向年轻的几代人时，他们所呈现出来的多样性则更为显著。

布鲁金斯学会（Brookings Institution）在审查 2015 年人口普查数据时，得出了这样的结论：美国变成了以少数族裔为主的国家，千禧一代功不可没。布鲁金斯学会的数据显示，55 岁及以上的美国人口中，有 75% 是白人。在千禧一代中，这一比例降至不到 56%，而在 Z 一代中仅为 51.5%。人口统计学家预测，到 2044 年，少数族裔将占总人口的 50% 以上。

如果你的企业依赖于当地的消费者群体，那么这些比例的波动更为宽泛。在加利福尼亚州、得克萨斯州、亚利桑那州、佛罗里达州、佐治亚州、新泽西州、内华达州、新墨西哥州、夏威夷州和马里兰州 10 个州中，少数族裔已经占据千禧一代人口的 50% 以上。

---

① Z 一代，也作"互联网世代"，通常是指 1995 年至 2009 年出生的一代人。——译者注

如果你正在以上其中的一个州做生意，那么这对你来说并不是什么新闻。然而，如果你的经营范围不在这些州之列，那么无论如何你都要注意了，因为这些州在族裔多样性上处于领先地位。其他许多州，包括纽约州、伊利诺伊州、弗吉尼亚州、北卡罗来纳州和南卡罗来纳州，仅落后几个百分点。依赖于当地贸易的企业主应该明智地研究在这一多元化浪潮中处于领先地位的各州的运作方式，并将这些成功运营的模式运用到企业的发展中来。

让我说一件关于 Z 一代的事情，我相信，Z 一代触及了很多与今天企业前景相关的重要节点。《今日美国》报道了塔吉特（Target）向 Z 一代营销所做出的努力。为了吸引这一人群，塔吉特创建了一个新的服装品牌——Art Class。除此以外，塔吉特还获得了网络红人默塞·亨德森（Mercer Henderson）的帮助。

默塞的年龄吗？14 岁。

找到一线希望

这种人口结构的变化为你的企业带来了经典的"挑战和

机遇"问题。要将市场伸向这些不同的买家群体是一个艰巨的任务，但同时你可以把这些不同群体看作一个可能的利基市场。如果你想取悦所有人，你可能给自己定了一个不可能实现的目标。但是，如果你把你的产品或服务塑造成对于这些群体中任何一个来说都是理想选择的话，那么你就可以建立一家成功的企业。此外，如果你在产品、服务或市场营销方面做出一些小小的改变能让你打进其他群体的话，你就有能力用少量的额外成本或付出少量的努力开发几个利基市场。

福克斯娱乐集团（Fox Entertainment Group）在体育项目这个领域设计了最具针对性的节目之一：福克斯西班牙语体育频道（Fox Deportes，前身为福克斯西班牙语体育网）。这家媒体公司也为更多讲西班牙语的观众建立了西班牙语有线新闻网络 MundoFox。显然，关于新闻网络的尝试并没有多大前景，所以它被卖掉了，最终销声匿迹。

通过划定一个更小的小众市场——更喜欢西班牙语广播的体育迷——福克斯更有可能保证一个理想的前景，并建立一种长期的、有利可图的关系网络。有了体育频道，福克斯发现哪一类的体育赛事正中观众下怀就变得容易多了。

案例研究：当一个奢侈品牌提供蹩脚的客户服务

想象一下，你开了一张支票，是为了全额支付购买一个奢侈品牌的产品，但两个月后，这家公司并没有成功提取这笔资金，而你的信用报告即将受到影响。我在一家大型汽车经销商那里就遇到过这种情况。

我在佛罗里达拥有了第二套房子，第一年时，我每次去那里，都是租车开过去的。我想过买辆车留在佛罗里达备用，但我不喜欢买车。因此，当一位朋友不经意间提到她不喜欢她两个月前租的那辆豪车时，我问她是否可以把这辆车三年的租期转让给我，这样她就可以再去寻找自己更喜欢的车了。那是在 8 月份。

汽车制造商给我们寄来了必要的转让表格，我开了一张支票，全额支付了从 8 月份开始的整个租赁费用。但是，8 月和 9 月的款项还是从我朋友的账户中扣除了。

9 月来临，客户服务还没有通知我们的转让成功状态。最终，我被告知转让完成了。我检查了一下我的支票账户，确认汽车制造商已经兑现了我的支票。

我打电话给客服，询问他们会如何对多支付的两笔款项进行核对。在打了至少 30 分钟的电话后，我被告知会计会对其审核，多余的钱可能会被退还。

10月底，我收到了一份需要每月支付的账单，这使我很不高兴。于是我又给客服打了一个电话。这一次，代理人说他们确实兑现了我支付全部租金的支票，但是他们需要得到我的允许才能去申请这笔资金。开玩笑呢？为什么没有人给我打过电话或者写封信说明这额外的一步呢？

当我在推特上讲述我的经历时，公司的回应很是迟缓，并且充其量也只能算是安抚一番。具有讽刺意味的是，他们让我打电话给客服。

虽然我喜欢我的新车，但我再也不会跟这家公司有生意往来了。

我的朋友和商业伙伴都认为，你应该对这样一个奢侈品牌抱有更高的期望。从我的这次经历中，你的企业可以吸取到一些很好的教训：

特殊情况特殊对待。不是每个顾客都有相同的需求。大多数客户都是按月支付租金，而我更喜欢提前支付。

这对他们的运作体系造成了一定的影响。在我看来，他们应该很高兴能够提前收到钱，并为此向我表示感谢。恰恰相反的是，他们却让我很是头疼。

对客服人员进行针对复杂情况的培训。我所描述的场景并不少见。等到客户决定联系一线员工时，情况已经很复杂了。与此同时，情况会发生巨大的变化，如果你任由不满的客户在社交媒体平台上疯狂地发泄自己的不满的话。

给员工他们需要的权力。我怀疑，在这场闹剧的某个时刻，对于我的这种情况，客服员工需要采取一些他们之前没有采取过的行动。充分信任、培训和授权给你的团队成员，这样你就可以让他们当场解决问题。

及时回应。无论是好是坏，基于互联网和社交媒体的客户服务已经让消费者期望他们的问题能得到即时的回应。我接触过的这家豪华汽车制造商是一家传统公司，但它需要像一家由千禧一代员工组成的初创企业那样知晓社交媒体。就像贝比·鲁斯（Babe Ruth）曾经说过："昨天的全垒打赢不了今天的比赛。"

你所提供的不仅仅是一个好的产品。毫无疑问，这家制造商生产的汽车非常棒。然而，消费者关系比产品的影响更为深远，尤其是涉及公司与消费者互动的部分。今天我们所谈的是客户体验。如果这种体验未能达到既定期望，那么无论你的产品有多好，你的企业都会受到影响。

承认并迅速纠正错误。如果你犯了错误——它确实发生了——你要负起责任，迅速纠正这种情况。

向做得好的公司学习。当涉及实现 1% 精进时，做得好只是一个开始。你的目标一定是要做到与众不同。你需要制定能够让你超越"好"的策略。毕竟，"好"只会让顾客满意，而"特别"则会让顾客高兴。你很容易就输给了竞争对手一个满意的客户，但一个高兴的客户将会为你终生所有。

诺德斯特龙公司就充分做到了这一点。它的零售商提供无条件的担保，并赋予员工管理这种预期的权力。你可能听过一个体现出诺德斯特龙客户服务理念的传说：一名男子带着两个防滑轮胎走进位于阿拉斯加州费尔班克斯的诺德斯特龙百货公司。他走到顾客服务台，放下轮胎，要求退钱。店员看到轮胎侧面标注的价格后，把手伸进收银机，递给了他 145 美元——尽管诺德斯特龙并不卖轮胎。这家公司懂得如何提供令人惊叹的客户体验。

当涉及速度和衡量谁最快时，没有人会记得谁得了第二名。

杰西·欧文斯（Jesse Owens）在 1936 年柏林夏季奥运会上赢得 200 米短跑的胜利将永远被人们铭记。我们还在筹拍有关这段经历的电影。但谁还记得马修·罗宾逊（Matthew Robinson）呢？他在夺取银牌的过程中也打破了奥运纪录。虽然罗宾逊是一个相当有成就的运动员，他先是被欧文斯后又被他的弟弟盖过了风头，他的弟弟是一个名人堂棒球运动员，他的名字是杰基，穿着 42 号球衣。顾客不会给你很多机会让你把事情做好。通过互联网可以很容易地找到其他卖家，跳过你的船去竞争对手的船上体验一番不过就是点击几下鼠标而已。此外，当客户接触到你的客户服务体系时，他们总是会将其与所有其他客户服务体验进行比较。他们会在心里形成一个小小的报告卡片，然后针对如下的问题给你打分：

你的客户服务比他们经常光顾的其他公司的客户服务速度是更快还是更慢？

你的员工友好吗？

你的员工具备相应的能解决他们问题的知识、能力和权力吗？

问题是否在与客服的第一次接触中就得到了解决？

你要确保你公司的客户服务能站上冠军的领奖台。

运用社交媒体进行客户服务：连接这些点

《哈佛商业评论》2015 年 7 月发表了一篇名为"你的公司应该在社交媒体上帮助客户"的文章。我认为这很好地总结了我们的要旨：你应该通过社交媒体提供优秀的客户服务。君迪公司（J. D. Power and Associates）发布的 2013 年社交媒体基准研究显示，67% 的客户使用了公司为解决客户服务相关问题而设的社交媒体渠道，并且他们希望得到迅速的回应。在曾试图通过社交媒体联系某个品牌、产品或公司寻求客户服务的受访者中，32% 的人期望在 30 分钟内能得到回应，42% 的人期望得到回应的时间为 60 分钟内。57% 的人期望在晚上和周末等待回复的时长与工作日一样。

关于使用社交媒体提供满意的客户服务这一点，并没有一种通用的模式。公司需要了解它的客户是如何使用社交媒体的，然后形成一个解决其使用模式的策略。恰当的策略、工具和平台取决于企业的规模和性质。无论是大公司还是小公司，只要想通过社交媒体提供出色的客户服务，推特都是首选平台。你用 140 个字符是无法说清如何更换双开门冰箱上的滤水器的，但你可以在页面上发送一个链接或者发送一个提供详细说明的 PDF 文件。

由于消息简短且能一语中的（而且通常回复迅速），消费者似乎更喜欢使用推特作为客户服务的渠道。大公司会专门开设一个单独的账号为客户提供服务，比如百思买的 @twelpforce。

当我讲述自己在那家豪华汽车制造商的糟糕经历时，我注意到他们在社交媒体上的回应是多么缓慢。当他们最终对我的评论做出回应时，却是一点用也没有。他们只是给我写了一封例行公事地安抚我的信，表现出他们很关心的样子。说实话，这比他们不回复我更让我生气。

社交媒体是实时发现和解决客户服务问题的一个不错的工具。然而，管理社交媒体的团队可能没有权力解决这个问题。所以你会得到这样的标准回复："对于您遇到的问题我们很抱歉，请与我们的客户服务部门联系。"如果你坚持发表你的评论，社交媒体经理会要求你将此评论删除。毕竟，有大量的听众会听到你的抱怨，这甚至可以叫停一场最好的营销活动。

耐克创建了一个单独的推特账户，只是为了回应客户的问题和担忧（@NikeSupport）。看看它的推特消息以及它的回应有多迅速。及时的回复可以建立对品牌的信任和信心。星巴克也有一个名为 @MyStarbucksIdea 的独立推特账户，作为与顾客互动的另一种方式。顾客可以在这个账号里提交并探讨可以让星巴克变得更好的想法。

杰奎琳·安德森（Jacqueline Anderson），君迪的社交媒体和文本分析产品开发主管，在国际客户服务协会 2013 年年会上说道："那些能做好这一点的公司正在获取相应的回报。利用社交媒体获取帮助的人会比那些不使用社交媒体的人更有可能在一个公司上花更多的钱。"

关于客户服务和社交媒体的最后一条建议是：如果你有优秀的员工、好的产品和杰出的系统，你就不会发现自己会在互联网上忙着去扑灭客户服务的大火。不管你用什么样的方式提供社交媒体的客户服务，如果你一开始就提供了不错的体验，你的工作就会容易得多。

人们正在用最高的标准衡量你的企业

我前面提到过，由于在互联网上很容易获取信息，你的一些潜在客户很可能会和你一样了解你的企业（甚至了解得更多）。即使你不是通过互联网销售，就算你是一个服务供应商，你也需要知道这一点，即由于如今的商业和信息流动的方式，你处在与你所在行业的最好的公司的竞争中。如果你不提高客户服务标准，有人也会去做的。即使你没有与别人直接进行竞争，你的名誉也会受损。

让我给你举个例子。我的一个朋友在加利福尼亚州（简称"加州"）拥有住宅投资性房地产。几年前，他搬到了田纳西州，最近打算在那里购买投资性房地产。他在网上做了一些调查，发现离他家大约两小时路程的一个城市是全美购买投资性房地产的理想备选地之一。

在进一步的调查之后，他开始寻找潜在的物业管理公司。因为他要在 200 多公里以外的城市购买房产，他自己无法对其进行管理。

在对物业管理公司进行研究后，他发现了一家看起来前景不错的公司，于是他进行了进一步的研究。他发现，该公司为业主提供了一个互联网门户网站，在那里他们可以实时查看他们房子的一些情况：哪些租户的租金是当前缴纳的，哪些是延迟缴纳的，谁将被逐出他们的房屋，房屋正在进行哪方面的维修等。

他在加州选用多年的物业管理公司从来没有提供过这样的服务。每个月，他都会从公司那里收到几张打印出来的收入和支出清单。虽然这已经足够了，但是这份清单并没有涵盖任何关于具体租户的信息或维修的确切性质的细节。这些都是最基本的要求，并且这些清单还是在当月结束后才交付。

虽然这位加州的物业经理不会知道，但一家位于半个美国之外的公司已让他相形见绌。当我朋友有空时，他会寻找一家更好的公司。同时，我可以向你保证，既然他知道了好的客户服务是什么样的，他就不会向任何人推荐他以前在加州的物业经理了。

我再举一个适用于很多企业的例子。你的产品或服务具备在社交媒体上进行分享的价值吗？如果你开了一家餐馆，你的主菜分量是否足够，装盘是否完美，足以让它们的照片被发到社交媒体上？你的牛排晚餐将会和脸谱网以及其他社交媒体平台上发布的全球牛排晚餐一起比拼。

事实上，每个企业都有可能在社交媒体上被正面或负面地提及。你提供给消费者的东西将会被那些评价社交媒体声誉的公司所衡量，更不用说 Yelp 这样的点评网站了。

经验教训就是，你不能狭隘地把注意力集中在隔壁的竞争对手身上，如果你认为自己已经把它排除在外，你也不能就此感到安全。在全国范围内调查你所在行业中最好的供应商，看看他们做得对的地方，然后将其应用到自己的企业中来。

小事情也很重要

实现 1% 精进的公司懂得小事的重要性。有时，正是一些简单的小事情能让你脱颖而出，让你的客户不断地光顾。然而，小事情经常被忽视。

当你评估你的企业时，问问你自己：你的客户描述他们的体验是愉快的还是让人吃惊？你希望你的客户对你的企业说些什么呢？

这些都是一些小事情，比如记住顾客的生日，对一个小小的成就表示祝贺，记录他们的购物偏好，或者给他们一个小赠品—— 在购买时附赠的小礼物。事情虽小，却能产生巨大影响。这就是 1% 的差别。以下就是这些"小事情"中的一部分：

微笑。微笑具有很强的感染力，能让人感到自己是受到欢迎的。

我遇到过很多刻薄的航空公司代表，他们会让你感到他们是在帮你一个大忙，但其实这只是他们的本职工作而已。当我遇到登机口工作人员或空乘人员，他们对我微笑并且看起来似乎很高兴帮助我，我会对他们表达感谢并向他们的公司表达我对这些人的赞扬。你的团队成员是如何评价的？简单的微笑很有吸引力。哦，顺便说一句，微笑比皱眉需要更少的肌肉运动。另外，二十世纪七八十年代的研究表明，你的面部表情实际上可能会影响你的心情。（试着面带微笑，看看自己是否感到开心。）所以，让你的团队意识到在与客户打交道时微笑是多么<u>重要</u>。

不惜一切代价道歉。每个人都会犯错误，你要训练你的客户服务团队迅速地为错误道歉并纠正错误，这是你可以为提高你的客户服务而做的最重要的"小事"之一。有时这意味着你要承担那些不是你的错误所导致的责任。感受到的就是事实。我们的目标是尽最大努力让客户满意。我的眼科医生就是一个负责任的最佳例子。我订购了三副月抛的隐形眼镜，但是几个星期后我都没有收到。我给办公室打了电话，他们说他们的信息记录显示包裹被放在了我的前门，但是他们同意再给我寄一批。就在我收到第二批货后不久，我那出城回来的邻居把第一批的包裹给我拿了过来，他解释说我的包裹被送错了地址，寄到他家去了。于是我打电话到医生办公室道了歉，并要求他们收取我的第二批产品的费用。他们对此表示很感激，因为他们会因此损失几百美元。

超越预期。让你的顾客啧啧称奇的最好方法之一就是去超越他们的期望。我最喜欢的一个建立忠诚度的例子来自两家挨着的相互竞争的折扣鞋店。我有他们两家店的优惠券，但我没有意识到优惠券已经过期了。第一家商店拒绝接收这张优惠券，即使它只是过期了两天而已。这是公司的规定。第二家店铺很高兴地接收了我的优惠券，这个优惠券已经过期将近一年了。这两张优惠券都是只便宜 10 美元，但商店处理这种情况的方式说明了一切。第一家店损失的是一个价值超过 10 美元的顾客，因为现在我只会去光顾第二家商店。

　　免费赠品。给你的顾客一点额外的东西。免费赠品是"商家在顾客购买东西时所赠送的小礼物"（比如购买一打甜甜圈后会多得一个附赠的甜甜圈），或者更宽泛地来说，就是那些平白赠送或获得的，或者是额外优惠所得的东西。每个企业都能提供额外的东西。它可以是免运费或免费的新产品试用装。服务企业可以提供免费体检、培训课程或优惠折扣。纳什维尔奥普里兰度假村（Nashville's Opryland Resort）的一位客人询问在哪里可以买到她房间里的水疗钟。她得知这是专为酒店所供应的产品，于是她以为事情就到此为止了。然而，这天结束后，当她回到自己的房间时，她发现了一份礼物，还有一张工作人员手写的便条。他们给了她一台水疗钟。她很是激动，我可以想象她会成为这个酒店的终身顾客。花点时间去思考一下让这个简单的时钟出现在客人房间里所需要的文化、流程和培训：

　　　　在管理上，必须招募能与公众合作良好的员工并为员工提供持续的培训。

在管理上，必须得让对客户的"倾听和回应"深入酒店的骨子里。

员工有权提供这台钟，并有相应支付它的资金，他们有时间为顾客做一些特殊的事情。

员工必须知道如何最好地送出这台钟。

我还可以再列举下去，但重点是，不要让你的客户只是因为一次偶然而经历了这些难忘的事情。偶然发生的事情只有，好吧，意外。

两个简单的字。你的企业不应该只关注业务。它需要以客户为中心。这种态度的转变会产生显著的影响，因为你与客户的互动并不会随着交易的完成而结束。说声"谢谢"过于简单，却没有被充分利用。当我让我的脸谱网上的粉丝给我分享他们美妙的客户体验时，我得到了很多我预料之中的答案。但有一个新的网站跃居前列：Chewy.com。当你在宠物用品销售网站上注册时，你会收到一封邮寄的手写感谢信。是的，你没看错，手写的。你还可以参加抽奖活动，赢取一幅你宠物的油画肖像。手写这个信件的 Chewy 员工中，大约有 15% 是客户服务代表。他们保存客户档案，做了大量笔记，以便了解客户和他们的宠物。《彭博商业周刊》（*Bloomberg Businessweek*）2016 年 12 月的一篇文章称，这家成立只有 5 年的公司有望实现 8.8 亿美元的收益——这无疑是在竞争对手中占据了一席之地，实现了 1% 的精进。

对于你的顾客和客户来说，小事情尤其重要。你要确保你注重的是精益求精。要擅长给顾客提供一些额外的特殊体验，这样你的企业才能获得成功。

将与你做生意变得简单

以下是一些需要你密切关注的数据，这些数据令人震惊和担忧：

95% 的客户会使用 3 种以上的渠道和设备解决一个单一的客户服务问题。

有五分之一的消费者会因为客户服务差而结束和企业之间的商业往来，他们是在和别人通完电话后，等待了很长时间问题仍未得到解决，才选择如此做的。

86% 的消费者将优秀的客户服务体验描述为：公司

能够预见他们的需求，提供最理想的自助服务，或者顾客能够以他们想要的任何方式与公司取得联系。

35% 的千禧一代表示，最佳的自助服务正是他们所寻求的优秀客户服务体验。

最近，我听一位小企业主谈起她创业的事情。她说在一个周日的晚上，当时她正在家里用笔记本电脑回答客户的问题。一位顾客告诉她，能在周日的晚上收到回复让她很是吃惊。

这位小企业主清楚地了解，即时答复客户服务的询问是多么重要，因为这就是她所期望的服务水平。她说她是"即时即刻俱乐部"的一员。我想我们很多人都加入了这个俱乐部。我们希望我们的问题即时即刻就能得到回复和解决。许多基于互联网的公司将即时回复和负责客户服务方面做到了极致，现在，加入"即时即刻俱乐部"已成为一项准则。

如果你能取悦"即时即刻俱乐部"，你就能长期地留住你的客户。提供出色的客户服务和客户体验会是你营销活动中的两大利器。它们会让顾客忠诚于你。人们会为这些出色的服务支付额外的费用。如果你的客户服务显著地超越了你的竞争对手，你就可以成为一个具有高价值的领导者。

大约 10 年前，我用一个当时使用的电子邮件注册了一个线上账户。几年后，当我试图更新那个账户里面的内容时，我却访问不了，说是我的用户名和密码不匹配。那么在这种情况下你会怎么做呢？你会点击"忘记密码"。当然，它随后会询问注册这个账户的电子邮箱。这里出了个大问题，我没有办法收到那些邮件，所以我开始寻求帮助。我搜寻了网站的"帮助"区域，却无济于事。我发邮件给"联系我们"，也是一无所获。最后，我拼命地寻找一个能和实实在在的人沟通的电话号码，还是没找到。我别无选择，只好放弃，重新开了个新的账户。

想象一下，如果你的客户在你的企业中经历了此种体验会如何。他们想在需要帮助时得到帮助。你是否有合适的、多样又灵活的体系处理客户的问题、担忧和投诉？

只靠设定一个客户服务系统入口，并且通过设定多个直线型的指令流程解决客户的问题，在如今是行不通的。你看，企业顺着一条线发展的想法已然不靠谱，在客户与你的企业互动中尤其如此。想象你的客户有疑问需要解答，有问题需要解决时，他们不想通过弯弯绕绕的帮助流程体系，而是想要直接转到能找到答案的地方。他们希望一个转身就能找到解决问题的资源。

[24]7 客户参与调查发现：近三分之二（64%）的客户服务咨询是从网站开始的。大多数人首先会做的是找到一个可以解决他们问题的自助服务系统。如果效果不理想，他们就会立即转向更高级以及更便捷的系统，比如在线聊天系统。消费者不想在一条可能最终指引他们找到他们所需要答案的道路上艰难跋涉，他们希望二号客户服务系统随时可用，触手可及。

[24]7 调查结论显示："公司需要在第一种渠道中提供强有力的自助服务，让人们在第二种渠道中更容易获得帮助和解决问题。对于企业来说，这意味着从自助渠道（网站或手机应用程序）升级到辅助服务渠道（聊天或电话），想要顾客轻松参与，企业需要具备新功能。聊天和语音代理必须具备相应的知识和背景资源，以了解客户在之前的渠道中都做了些什么。"这些"新功能"包括人工智能驱动的聊天机器人。脸谱网通过在 Facebook Messenger 应用程序中提供聊天机器人功能，在这一领域发挥了重要作用。这个例子正好说明了人工智能技术是如何越来越普及的，甚至在小型企

业中亦是如此。多年来，线上聊天一直是一种便捷的客户服务工具，但是当我们需要公司方面的实实在在的员工为我们解答问题时，我们经常得到的信息是"无法联系"。聊天机器人却可以全天候待命供人们使用。

无论是自助服务、人工智能，还是人际互动之间的哪一种组合，不要让你的顾客再次遭遇自助服务旅途中的滑铁卢。

个人接触

我接到了一个美国航空公司（American Airlines）代表的电话，他正在找人交流，以便了解他们航空公司的表现。有人突然联系我，我首先是感到很吃惊。其次，我最近刚好在他们的航空公司经历了一场噩梦般的旅行，正好可以与这位代表分享。她向我表达了歉意，并同意在我的账户上增加1万英里的飞行常客里程，并为给我带来的不便寄给我一张100美元的旅行票券。哇。

企业通过调查收集了大量的客户满意度调查数据，但如果你真的想了解自己做得如何，那就得和客户去交谈。如果你的产品或服务涉及许多在线交易或日常费用，那么，正如美国电话电报公司（AT&T）以前的广告所说，你需要伸出手，去接触某人。

从了解真实情况的角度来说，一个来自老板或高层经理的私人电话可能会更有帮助，尤其是当你失去了一位顾客时。你要明确的是这不是一个为了说服以前的顾客重新光顾你企业的销售电话，你要让对方知道你只是在寻找提升产品或服务的途径。事实上，如果对方愿意花几分钟和你在电话上聊几句的话，你可以给他一张小小的礼品卡。GoDaddy 会定期致电用户，调查他们对其业绩的满意程度。

如今成功与数据的收集和分析紧密地联系在了一起，而且你需要锁定这些数据，以便用它改进客户服务、产品，以及你企业所关注的任何方面。然而，在将一次性买家转变为终身客户方面，这种个性化的接触还是大有助益的。

贵宾客户

在第七章中，关于在企业的流程和系统中创造 1% 的精进，我提到，虽然技术优化了我们企业运作的每个方面，但客户渴望人性化服务。我们所处的环境很难与人联系接触，尤其是在更大型的企业结构中。

每个顾客都想感觉到自己的特殊性。你的工作就是确保他们能得到 VIP 的待遇。我会去某一些餐馆，是因为他们知道我的名字，记得我最喜欢的菜，让我觉得自己是他们最重要的顾客。现在，我知道情况并非如此，但在一个像餐饮业这样竞争激烈的领域，这是一个关键性的优势。

我最喜欢的一家餐厅是位于佛罗里达州朱庇特市的 Duffy's Sports Grille，我位居该餐厅忠实顾客的荣誉榜单之列。这意味着我享有各种各样的特殊待遇。所以，我当然会像许多其他顾客一样一次次地光临这家餐厅。

给你的 VIP 客户提供一些专有的服务和信息。我经常乘坐美国航空公司的航班，原因之一是我是这家公司的终身白金会员。这意味着我可以免费托运我的行李，我可以优先登机，我可以免费选择经济舱的优质座位，而且我经常会被升级到头等舱。作为一个商务旅行者，这些额外的价值对我来说尤为重要。

提供 VIP 待遇不仅能让顾客对你保持忠诚，它通常还会导致强有力的口碑营销。口碑营销一直是获得新业务的最佳途径之一，但随着社交媒体和评论网站的出现，口碑营销变得更具影响力。被你的企业所吸引的客户很可能会通过他们的在线社区分享你的业务，这所带来的影响将是极其深远广阔的。

　　成功的忠诚计划可以增加收入。例如，星巴克忠诚计划最初会给完成每笔交易的顾客一颗星。顾客们很快就想出了一个办法，让店员单独结账每个商品，从而更快地积累星级。因此，高管们将这个规则改为根据消费金额奖励星级，这也是客户一直以来所要求的。星巴克的高管们认为，此举将促进顾客的消费，星巴克首席战略官马修·瑞安（Matthew Ryan）在接受《华尔街日报》采访时表示，大多数顾客也会更快地获得奖励，这是一个双赢的举措。

1% 的精进

The One-Percent Edge: Small Changes
That Guarantee Relevance and Build
Sustainable Success

第四章　产品精进

如果一个人想出一种方法，能够将几乎任何事情做得或者是生产得更好、更快或更经济，那么他的未来和财富就会触手可及。

—— 保罗·盖蒂（J. Paul Getty）

当你以批判的眼光审视你的产品/服务时，你必须考虑其中是否有需要削减的累赘。正如我在阐述 1% 精进流程是如何运作时所指出的，没有什么是神圣不可侵犯的。将自己的企业绑定在某一特定的产品或服务上是错误的做法。

市场的痛点是什么？

我们的产品/服务是否仍然与时俱进？

我们的产品是否有有利可图的利基市场？

网上业务能否提供本地商户无法提供的特色功能？

我们的产品是否会因为技术的妨碍而面临被淘汰的风险？

有哪些新的竞争威胁会影响到我们的企业？

是否存在与协同企业一起合作的机会？

有没有新的不损害利润和现金流的业务营销方法？

是否有办法提升我们现有的产品或服务？

我们变得自满了吗？我们是否过于依赖我们的产品或服务？

我们是如何满足当今顾客即时满足的欲望的？

我们的产品有新的市场吗？

我们是否在固守无法赢利的产品？

我们是应该收购另一家公司，还是与一家公司合并以获得市场份额并扩大业务范围？

减少累赘

当我大学毕业时，IBM 拥有最令人垂涎的职位。它显然是市场的领导者，它的办公设备和电脑产品是首屈一指的。然而，随着个人电脑的发展，蓝色巨人 ① 失去了其立足点。其竞争对手用更便宜的产品占领了市场，而 IBM 规模太大，无法迅速做出反应。1993 年，它公布的亏损额是当时美国企业界史上最为巨大的：80 亿美元。

———————

① IBM 的别称。——译者注

背水一战的 IBM 发现自己处于一个尴尬的境地：要么创新，要么灭亡。该公司领导层做出了一个艰难的决定：他们决定放弃长期以来的核心电脑硬件业务，转而将业务投向为企业提供 IT 专业知识和计算服务。公司在服务器业务上投入巨资，到 2013 年，它成为全球最大的企业服务器解决方案销售商。新的 IBM 公司还专注于数据和分析服务以及云平台解决方案业务。

IBM 首席执行官罗睿兰（Ginni Rometty）在给投资者的 2015 年报告中写道："在我们这个行业，IBM 是唯一一家历经多个科技时代和经济周期而实现自我革新的公司。"她解释说，公司这么做是为了让自己与众不同。罗睿兰表示，IT 行业正在以惊人的速度转型，由于这些变化，IBM 正在转型为"一家认知解决方案和云平台公司"。 这家拥有百年历史的公司是否能够维持下去并保持与时俱进还有待观察。能根据市场变化而放弃企业的核心产品，这是一个艰难的决定。它现在是一个失去具有划时代意义核心产品的电脑企业巨头，然而，市场正在朝着一个不同的方向发展 —— 它正在改变 ——IBM 正在尽其所能将这艘巨船转向，朝着一个新的方向前进。

尽管 IBM 的商业模式发生了巨大的转变，但重要的是我们要认识到，IBM 正在做的事情同样具有潜在的一致性：

它昨天是一家科技公司。

它今天是一家服务技术公司。

更进一步说，我还想指出，IBM 一直致力于向客户销售"计算解决方案"。昨天，这些解决方案依靠于硬件。如今，硬件几乎无关紧要。需要解决的计算问题是处理大数据。

坦率地说，如今 IBM 服务的客户可能与以往销售高性能计算机的客户看起来是差不多的。当企业决定必须转型以求得生存时，这可能就是一个关键的因素。在本章的最后，我们会更仔细地探讨一个成功的转型或创业所需要的是什么，然后给你提供一些你可以自己调用的想法和框架。

一个实现 1% 精进的公司必须愿意冷静、严格地审视自己的产品，并在为时已晚之前减少不必要的负担。你准备好重塑你的企业了吗？

与时俱进：扩大你的客户群

当你想到一个典型的特斯拉汽车（Tesla Motors）客户时，你可能想到的是一位有点标新立异的男性。你可能是对的。据《商业周刊》（*Businessweek*）报道，该公司在 2012 年推出 S 型车时，只有 13% 的客户是女性。为了实现宏大的销售目标，特斯拉需要吸引更多的女性司机。根据君迪的一项分析，尽管美国女性购买的汽车只占美国所有汽车销量的 40%，但在小型越野车市场上，她们却占据了 53% 的份额。在最终敲定设计之前，该公司进行了由驾驶越野车和小型货车的女性组成的焦点小组调查，以便了解她们对现有车辆的好恶。基于这些反馈，2012 年 2 月，特斯拉发布了 Model X。特斯拉创始人埃隆·马斯克（Elon Musk）在接受彭博社（Bloomberg）采访时表示："对于 S 车型，我们可能会有大约三分之二是男性顾客。对于 X 车型来说的话，我想女性可能会稍微占多数。"

到目前为止，我在书中分享的很多例子都是关于大品牌的。然而，小型企业也会有应变不及的可能，而当这种情形发生时，后果往往会严重得多。如果一家小企业忽视了市场不断变化的本质，而固守当前的企业运营模式，那么等到问题被发现时，它可能已经走得太远了。由于缺乏现金储备以及人员有限，小型企业可能会淡出人们的视野。想想你家附近的音像店。不幸的是，我有个好朋友在录像带出租店生意景气时买下了一家录像带出租店，但这家店最终因为市场的变化而破产了。这也就是为什么规模较小的公司必须要主动运用 1% 精进流程的原因。

语音识别软件和电子病历的使用日益广泛，这导致公司总部位于丹佛的本·沃克（Ben Walker）的医疗转录业务陷入困境。他说："我意识到了这一点，但起初我并没有打算深究。"但是，随着医疗领域的客户开始变得越来越少，沃克没有选择袖手旁观，看着自己的业务萎缩殆尽。沃克创建了一家新公司，转录外包公司，并扩大了他的目标市场。过去，他接受过执法机构、律师事务所和法院、大学和研究机构的垂询。因此，他花了一些时间研究这些市场，了解它们的需求以及它们是如何开展业务的。不久，他回应了 RFP（需求建议书），并开始在这些新市场中吸纳客户。

大数据有助于在做出决策时进行预测

在确定产品策略时，你收集的数据可以帮助你在做出决策时进行预测。然而，当你看待这些数据时，你必须思路开阔，并且足够敏捷以对自己的策略做出相应的调整。

40 年来，时尚品牌 Zara 从西班牙拉科鲁尼亚的一家专卖店发展成为全球最大的时装零售商。有趣的是，这家商店没有烦琐的层级制度，每日的数据会反映出销售情况和滞销情况，根据数据的反馈，该公司 350 名左右的设计师在最终设计中都有其发言权。他们会监控销售数据以及来自客户、商店经理和地区主管的数千条评论。有了这些信息，公司的团队就可以在接下来的几周内进行产品开发工作。

Zara 的母公司 Inditex，在其他零售商苦苦挣扎时却取得了巨大的成功。Inditex 董事长兼首席执行官巴勃罗·伊斯拉（Pablo Isla）表示："没有什么神奇的公式。没有明星代言。我们可以在整个季度中依据数据做出回应。但最终，我们为客户提供的是时尚，这是人为努力的结果。"Zara 成功的另一个要素是它能够实时地从客户那里获得新的设计理念。这与大多数时装品牌的模式完全相反，后者至少会提前两季设计时装，然后将这些产品推向消费者。

当今的商业界运营模式是实时的，大数据是帮助商业领袖与市场保持同步的关键。大数据可通过追踪影响客户体验的信息帮助品牌实现客户体验的个性化。数据挖掘还为您的企业提供了确定客户希望改善交互方式的机会。

倾听你的病人

企业提出了特定的模式，特定的产品或流程。他们深深地爱上了自己，以至于无法倾听消费者的需求，他们会被逐渐地淘汰出局，不再期待明天。

——美国电视台 CNBC Prime《利益者》"The Profit"节目主持人马库斯·莱蒙尼斯（Marcus Lemonis）

当企业领导者检测这些数字时，这些数据就会被作为使一个结论合理化的途径。所以，这里需要提醒一下，运用大数据是把握市场趋势和衡量客户行为的一个好方法，但这并不能抵消保持警惕和倾听的必要性。我的医生相信他所看到的检验结果，但他同样也认识到倾听病人的重要性。在你制订商业策略的时候亦该如此。

你的产品是否别具一格

> 很多时候，人们并不知道自己想要什么，直到你将此展现出来，他们才得以知晓。
>
> ——史蒂夫·乔布斯

1978 年，两个从初中开始就是朋友的家伙正为事业的起步而苦苦挣扎，但却处处碰壁。因为那是 20 世纪 70 年代，我想我们可以说他们是在努力"发现自己"。由于没有机会走上传统的职业道路，他们决定给自己创造就业的机会，开启了自主创业。当然，两人都对创业一无所知，但这并没能阻止他们。他们也没有因为不知道该开办哪一种类型的企业而气馁。经过一番讨论，他们选择了食品行业，因为他们都喜欢美食——更确切地说，他们选择了冰激凌行业，因为他们都喜欢吃冰激凌。

随后，两人投入 5 美元，在宾夕法尼亚州立大学（Penn State University）购买了函授课程，学习如何制作冰激凌。

接着，在 1978 年 5 月 5 日，他们投入了一辈子的积蓄加上在银行所获得的贷款，总金额为 1.2 万美元，在佛蒙特州伯灵顿的一家废弃加油站开了一家冰激凌店。

说到这里，你们已经知道我所说的是班杰瑞公司的创始人班·科恩（Ben Cohen）和杰瑞·格林菲尔德（Jerry Greenfield）。但班和杰瑞的故事可能会像大多数企业家的结局一样，我们今天就不在这儿谈论他们了。他们可能会提供非常棒的香草、草莓、巧克力口味，或者加一点黄油山核桃口味的冰激凌。也许他们和自己的家人都会过上相当体面的生活。谁知道呢，他们可能会再开几家店。然而，总而言之，这将是一个相当平平无奇的故事。

这就是我们大多数商业界人士所做的：我们遵循着相同的方式，和其他人一样生产几乎相同的产品或提供类似的服务，我们的企业也就变成了商品。此外，我们忙于日常管理事务，往往被它消耗殆尽，以至于我们会忽视掉那些去创新的机会。班和杰瑞没有选择走这条靠得住的路，而是决定做出改变，做一些与众不同的事情。

班·科恩患有嗅觉缺失综合征，也就是无法感知气味。当他吃东西时，他靠的是一种叫作口感的东西。所以，这些新的创业者把各种时髦的成分扔进大块冰激凌中，创造出了我喜欢称为"别具一格"的味道。很快，这种"别具一格"就初见成效。佛蒙特州伯灵顿的那家小冰激凌店外面排起了长队。为什么会这样呢？因为班和杰瑞提供了消费者在其他地方无法买到的东西。他们给了人们一个改变购买习惯的理由。他们通过提供一些新的东西填补了市场的空白。

显然，班和杰瑞并没有发明冰激凌。从殖民地时期就有冰激凌了。乔治·华盛顿、本·富兰克林和托马斯·杰斐逊都是冰激凌的粉丝。多莉·麦迪逊（Dolley Madison）坚持要在她丈夫詹姆斯的就职舞会上奉上这道甜品。班和杰瑞的食谱使用的基本上就是几个世纪以来一直使用的原料：牛奶或奶油，一些调味料，当然还有糖。但是因为追求"别具一格"，他们发现了自己的"独家秘方"。此外，他们坚称自己的产品都是天然的，是环境和地球友好型产品，这又是另一个显著的不同点。（关于企业目标的重要性，请参阅第五章"人的精进"。）

讽刺的是，我最喜欢的班杰瑞冰激凌口味是樱桃加西亚，这是以美国"感恩而死"乐队（Grateful Dead）的杰里·加西亚（Jerry Garcia）命名的。他曾经说过："把你所做的事情做到最好还不够，你必须要被认为是所做的这件事情的天选之子。"

同样，苹果的成功也是因为做到了"别具一格"而不是"发明"技术。苹果并没有发明个人电脑，但它通过创造一个直观的、基于图标的界面和提供更具时尚设计的产品强化了个人电脑的功能。MP3 播放器也是如此。当苹果公司推出 iPod 时，市场上还有其他产品。由于其独特的设计，iPod 的销量一路飙升。iPod 用白色耳塞代替了黑色耳塞，这成了一种社会时尚。

你真的能理直气壮地承认你们的产品和竞争对手的产品是不同的吗？不要相信你自己公司的营销说辞。你要深挖下去，做出客观的分析。你的客户从你这里获得的产品，是否基本上都能从你的竞争对手那里获得？为什么他们会选择你的企业而不是其他家企业呢？能自信地回答出这些问题，就说明你具备了 1% 的精进。

分销，新市场

分销渠道正在发生变化。直接与客户打交道要容易得多。

从以往来看，像沙拉酱这样的新产品必须与知名品牌抢夺有限的货架空间。它们很难进行分销，而且价格还很昂贵。如今，所有类型的品牌都可以通过互联网直接与客户联系。

宝洁一直依赖于零售商销售其产品。成立于 2012 年的 Dollar Shave Club——没有花里胡哨的装饰，价格低廉的优质剃须刀，可以直接送货上门——将宝洁这家品牌巨头打了个措手不及。这家创业公司极大地改变了市场的购买习惯。根据《华尔街日报》的一篇文章，吉列（Gillette，宝洁公司旗下品牌）在美国的市场份额已经连续 6 年呈现下降态势。该公司在男士剃须刀业务中的份额从 2015 年的 59% 下降到 2016 年的 54%。

因此，宝洁开始关注如今的消费者是如何购物的，希望能减少那些试图抢占其部分市场，更具创新性的初创企业所带来的影响。该公司推出了吉列剃须俱乐部，与 Dollar Shave Club 正面交锋。在亚特兰大，宝洁公司推出了汰渍胶囊（Tide Pods）的在线订购服务，这是其洗涤产品中价位最高的单品。在芝加哥，顾客可以使用智能手机应用程序，从印有汰渍标识的汽车上预约洗衣取件和送货服务。

尽管宝洁的管理层可能已经意识到了这家新贵公司的威

胁，但他们并没有找对问题所在。它们的分析框架执着于一种过时的企业运营方式和模式。该公司目前正在招聘更多具有创业背景的员工，以帮助其应对不断变化的市场和竞争。

借势上位

我的一个朋友喜欢观看有线电视上的淘金节目。他最近提到，矿工们每年能够不赔不赚就算很幸运了，但那些租赁重型设备并出售备用部件的人赚钱如强盗抢钱。

这个故事和古老的加州淘金热如出一辙。加州淘金热为造就李维斯（Levi Strauss）、Armour meats 和富国银行（Wells Fargo）等品牌发挥了重要作用。有一个概念被叫作"搭便车"（piggybacking），目的是找到一家发展迅猛的初创企业或者是一个新的行业，然后发展一项服务，使这个服务更容易地推展开来或者更有利可图。

从母亲到百万富翁

美国科罗拉多州一户人家的地下室里，一名全职妈妈灵机一动，想出了一个巧妙的主意，从此成了百万富翁。谢里·施梅尔策（Sheri Schmelzer）乐于为她的孩子们的洞洞鞋设计一些有趣的装饰品，很快，其他孩子也想要这些装饰品。一家名为 Jibbitz 的公司由此开始在网上招揽生意，由于订单需求增长迅速，短短 6 个月内，Jibbitz 的市值从 20 万美元涨到了 200 万美元，并引起了卡骆驰（Crocs）管理层的注意。该公司以 1000 万美元收购了 Jibbitz，作为卡骆驰产品的一部分，今天你会惊叹于 Jibbitz 鞋的魅力及其独特的装饰。

亿贝的衍生

亿贝（eBay）成立时你注意到这家意义非凡的企业了吗？有了它，企业要开创一项业务再也无须旷日持久，这也让你发布和搜索你的商品变得更加容易。随着亿贝的发展，对相应辅助业务的需求也在增长。

这种现象将会一直持续下去。如果你正在寻找一个商业创意，要密切关注风险投资的动向，并关注商业新闻页面上关于创业趋势的报道。如果你一直紧跟潮流，你就会知道点对点的企业在如今异常火爆。因此，这一领域正发生着大量的"搭便车"事件。

例如，管理爱彼迎（Airbnb）房源清单的服务正在被建立起来。有多少房主真正了解他们的房间会被租来干什么？或者有多少房主想要处理预订和清扫租赁的房间？这些都为当地的房屋清洁公司提供了一个可以拓展其业务的空间。

起初是 Breeze 把车出租给优步（Uber）和来福车（Lyft）平台上那些想成为司机却没有车的人。但后来来福车和优步建立了合作关系，这让它们能够自己提供租赁车辆。这也表明了全力搭便车的一个风险：最终，游戏中的大玩家（如果有的话）可能会决定为自己提供服务。此外，你所"搭便车"的公司或行业也有可能会失去人们的青睐，而这会让你的搭便车行为成为一个颇具风险性的冒险举动。

新的法律创造新的商业

正如创建一种新的商业模式可以在私营部门创造"搭便车"的机会一样，新的法律也可以在公共部门创造新的商业机会。由《平价医疗法案》（Affordable Care Act）所引发的医疗行业巨变，催生了对一系列新服务的需求，比如将纸质记录转换为数字格式以及支付处理业务。

然而，除此以外，所有新参保的病人涌向医院和诊所，这带动了美国许多本地业务的显著增长。传统服务，甚至是像打扫卫生这样的基本需求，都可能要依赖于法律所带来的需求增长。

在每年年底，你可能有所注意，当地媒体会发表一些文章，介绍明年所有将会生效的新的法律。你在新年前，要下定决心，看看这些新的法律是否会带来对新产品或服务的需求，然后探索如何以最佳的方式提供这些产品和服务。

记住以上这些要点，留心你周围所发生的变化，无论这些变化是新的业务、新的社会现象，还是新的法律。随着上述每一种变化，都会产生能对其提供辅助支持的新产品和服务的需求。

推陈出新

我相信，政治是唯一一个比二手车销售更不受人待见的职业。总部位于纽约的 Vroom 正以全新的视角看待二手车行业，致力于摆脱这个行业以往的争吵和讨价还价，并将其业务拓展到了网上。与竞争对手配对买家和卖家的做法不同的是，Vroom 实际上是在收购汽车、翻新旧车并为它们提供担保，最大限度地降低了通过互联网进行大笔交易的风险。根据《彭博商业周刊》的一篇文章，该公司 2017 年销售了数万辆汽车，创造了大约 9 亿美元的收入。整体运营由专有技术程序提供动力，使公司能够快速地清空库存。

我很早之前做过的一个行业是教授钢琴课。当时我在上高中，此举就是为了挣钱。我并不想在这儿破坏私人钢琴课的名声。然而，我知道很多年轻人都觉得上钢琴课是一件枯燥乏味的事情，我也知道，很多成年人在长大后希望他们曾经学过钢琴，或者在年轻时能更努力地学习钢琴。（一个市场空白？）

如今科技的好处之一便是它可以帮助我们学习早年所错过的东西。科技能做到这一点，是因为它让学习变得更便捷，也更经济实惠。有时，它还可以推送一些更适合我们个人学习风格的定制内容。事实上，我认为当今最令人兴奋的领域之一是学习技术，或称网络学习。例如，你在看电视时一定会看到线上大学的广告。

线上教学这个领域最新、最好的例子之一便是 Skoove，它是一套对传授技能极其精通的在线钢琴教学体系。我认为它可以让更多的孩子去弹钢琴，也满足了许多成年人的梦想，让他们能便捷地学习钢琴的基本技能。

对于孩子们来说，使用电脑和互联网可能更符合他们喜欢打发时间的方式。而对于成年人来说，能够在自己家里的私人空间以及由自己支配的时间学习钢琴是 Skoove 主要的卖点。

Skoove 联合创始人兼首席执行官弗洛里安·普伦奇（Florian Plenge）说道："在美国、英国、澳大利亚和德国，有 61% 的人想要学习一种乐器，但目前只有一小部分人付诸实际行动。有了 Skoove 的在线教学，我们希望让任何有电脑和有学习欲望的人都能实现这一梦想。"

利基市场中的财富

你的企业要与时俱进，关键在于缩小你的关注点。这听起来可能有些违反常理，但研究表明，当你识别出并能吸引这么一个特定的利基市场时，你会享有更高的客户忠诚度。你可以把这想象成创建了一个专属社区（私域流量），在那里你的企业会是顾客的首选供应商。

　　网上有很多为那个特别的人定制送花的服务资源。也许最著名的是 1-800-Flowers。但是，与其做一只羊，跟着羊群走，Dirty Rotten Flowers（肮脏腐烂之花）的做法截然不同：正如它的名字所暗示的那样，你可以送一束枯萎的花束给某人，这束花要表达的是："没什么好感谢的。"有一束花叫作"我爱你，那是不可能的"。

　　以下是该公司网站上一些满意客户的评价：

　　当我未来的儿媳没有邀请我参加我儿子的生日活动时，我送了一束 Dirty Rotten Flowers 的花给她。她不跟我说话了……这正是我所希望的……谢谢 DRF。

　　　　　　　　　　　　——凯瑟琳，65 岁，妻子和母亲

　　我去上班后，我的女朋友给我留了一封分手信。她现在和她的教练同居了。我给她送了一束丧葬花……这是我最后的倔强。

　　　　　　　　　　　　——乔纳森，32 岁，电脑程序员

　　没有收到电话回复，我匿名给经纪人寄了一束 Dirty

Rotten Flowers 的花，这感觉棒极了！

——贾斯敏（不是我的真名），23 岁，女演员

当你保持开放包容的心态并致力于采取创新的方法时，你会解锁很多商业时机。顺便说一下，这些已经开败腐烂的花可不便宜。这束 Dirty Rotten Flowers 的花售价 33 美元，而这实际上就是一束枯萎的花。

找到利基市场能缩小你的竞争对手范围。然而，你必须要做一些必要的调查，以确保你的利基市场足够大，以维持企业的运营。这样做的风险可大可小。所以，你要运用 1% 的精进流程衡量你的这些机会，优先考虑那些最有可能的候选项目，然后继续审视、衡量和迭代。

乔布斯曾说过，人们不知道自己想要的是什么，除非你把它展示出来。我认为这个观点很睿智。但因为这句话出自乔布斯，所以我是以他为代表的大型的、大众市场的产品类别层面解读这句话的。在我开始探索利基市场的本质后，我发现他所表达的想法直接与创造这块强大的、利润丰厚的商业蛋糕有关。利基市场最重要的属性之一就是它并非先前存在的，而是需要被创造出来。

你可以通过消费者或 B2B 领域为自己找到一个利基市场。要想获得成功，最重要的要求之一就是你提供的产品或服务必须是独一无二的，这样人们才必须到你那里购买。

此外，你还需要能够清楚地定义谁是你的客户。如果你做不到这一点，你是无法接触到他们的。虽然这一点在任何市场都尤为重要，但对于利基市场，情况更是如此。当你的产品或服务吸引了广阔的细分市场时，就算你的营销和广告活动定位并不是那么精准，你仍然可以获得一定程度的成功。但当你一开始就知道你的市场很小时，任何营销和广告上的失准都会带来两个不好的结果：

你会花很多钱。

没有任何销量。

我们想要的是双赢，而不是双重打击。如果你不知道你的客户是谁，你就不用再有其他商业想法了。

这就引出了一个问题，如何提出可靠的利基市场理念？

让我们看看已经讨论过的两个概念：

利基市场的定义清楚地表明这些市场是被创造出来的。

你必须能够识别出你的客户。

如果你想围绕利基市场建立一项业务、一款产品或一项服务，你最好从你已经知道的东西开始。去考虑你公司的专业知识和核心竞争力，然后从产品（或服务）和市场两个方面看待以下问题：

你能否通过改变自己的产品或服务为企业创造新的机会？

除了现有你所认为的主要功能，你的产品或服务能否用于他途？

是否存在还未服务到的市场？如果有的话，在哪里？在本地吗？还是在国外？

对于一个你可以处理的特定细分市场，是否存在麻烦？

如果你能在你的周边开发出一种独特的产品或服务，你很有可能会获得成功。你将能够衡量你所创造的东西的价值——它的市场价值——同时，你也将知道你的市场是谁，这会是一个成功的组合。

再追加一项开发利基市场的福利：因为你知道你主要的顾客是谁，你就可以进行小规模的、耗资小的测试评估成功的可能性。如果你成功了，你将会为你的企业书写下一个成功的篇章！

利基市场警告

你可能还记得我在"客户精进"一章中对福克斯公司创建两个西班牙语有线电视频道的言论。这两个频道一个是倒闭的新闻频道，另一个是体育频道。值得注意的是，福克斯是如何改变其体育频道的名称（品牌）的。这个频道最初的名字是 Fox Sports en Español（福克斯体育网），后来更名为 Fox Deportes（福克斯西班牙语体育频道）。

这里的一个重要的教训是：当你为利基市场创造了一种产品或服务时，你不应该让消费者觉得，这是你向另一个

（可能是更为重要的）买家群体所推销的其他产品或服务的二手版本。这是对小众顾客的不尊重，这也是对当今市场营销的一个事实的忽视：人们追求的是真实性。

如果你或你的公司表现得虚伪、肤浅或投机取巧，你就无法在理想的利基市场上建立起一种维持你的企业所需要的关系。这个最初的名字 Fox Sports en Español，它所传达出来的信息是，该频道是后来才加上去的，就像给一部法语电影加上英文字幕，这不是该公司真正的西班牙语节目。我敢肯定，福克斯公司非常想做好这项工作，编辑出能吸引这一类观众的体育节目，但它最初的品牌创立并没有准确地传达出这一信息。

另辟蹊径

如果所有人都在用同一种方式做这件事情，那么你反其道而行的话就很有可能会找到自己的合适时机。

——山姆·沃尔顿

为什么要和你的竞争对手追逐同样的客户呢？他们遗漏

了哪些顾客？没有企业能去吸引所有的人。你将如何抓住那些对竞争对手的产品不是那么感兴趣或者根本不感兴趣的客户？这可能会是企业运营的一次全面的改革抑或是一次彻底的改头换面。

买家具可能是一笔不小的开支，尤其是对于事业刚刚起步的年轻人来说。很多人，包括我自己，都接受二手的旧衣服，或者在寄售商店买东西。如果你足够幸运，在一个著名的零售区淘到了便宜货，但你不得不等待他们将你的家具快递过来，并且很有可能你要支付额外的运费。

宜家创始人英格瓦尔·坎普拉德（Ingvar Kamprad）发现了市场里的这个问题，立志要去提供系列设计精美、功能齐全、价格合理的家居产品。这样你就不用等经销商给你安排送货时间了，他发明了扁平化包装系统，这样顾客就可以在购买家具的当天把家具带回家并组装起来。

这个理念大受欢迎，公司也得到了迅速的发展。坎普拉德发现了一个市场空白，并且走了一条和整个家具行业截然不同的道路。结果，宜家成长为我们今天所知的商业巨头。据其网站显示，截至 2017 年 6 月，宜家在 48 个国家拥有 390 多家门店。

公司将继续保持这种进取、创新的精神。它所列出的价值观之一就为"敢于与众不同"。它做到了这一点，通过质疑旧的解决方案，发掘更好的想法，并且愿意做出改变。宜家还提倡有必要回顾今天所做的事情，并思考如何在明天将此做得更好。

走自己的路

时装行业每一季都会推出新的流行趋势和风格。你可能喜欢垫肩，但是如果你在今天戴上它们，你可能会收到一些异样的眼光。这个行业的偶像们想要支配你该穿什么，以及怎么穿。

为了对抗这一趋势，Lunch at the Ritz earrings 的创始人埃斯梅·赫克特（Esme Hecht）和赞德·埃利奥特（Zander Elliott）说，他们创立这家珠宝公司的目的是为了那些不在乎时尚杂志说的是什么，而更关心自己独立风格的女性。30多年过去了，这家公司依然很强大。它的每一件珠宝都有一个主题，每一件都是限量版的艺术品。例如，我有一副圣诞夜耳环，这当然是我节日必备的配饰。你几乎可以找到任何

你感兴趣的主题 —— 葡萄酒、购物、法律、戏剧、节日 ——
所有你能想到的。虽然 Lunch at the Ritz earrings 的产品
是人造珠宝，但价格并不便宜，起价约为 100 美元。我就有
好几款。你必须对你的个人风格充满自信，你才会选择戴上
它们。不是每个人都会理解你的选择。

这个品牌备受欢迎，以至于收藏者们吵嚷着要购买停产
的作品。在 eBay 上稍加浏览，你就会看到顾客们对 Lunch
at the Ritz earrings 停产产品的需求，开价从 50 美元到几
百美元不等。

根据该公司网站上的说法，它能在竞争激烈和不断变化
的市场中与时俱进，这其中的秘诀就是永远不要去看别人在
做什么，打破所有的规则，做真实的自己。我已经说过很多
次了，如果你现在去追随潮流，那你就太晚了。创建独特的
利基市场以及了解你的客户是 1% 精进的关键要素。

改变旧的习惯

早在前面我就提到过，为改变而改变并不能解决问题。
一个企业如果认为通过进行彻底的变革就能阻止它的灭亡的

话，那它最后只会绝望。还记得睿侠的案例研究吗？每次风向一变，这家公司几乎都会做出改变，导致市场混乱，核心客户全部流失。

然而，有时改变是不可避免的。例如，网飞（Netflix）意识到邮购 DVD 业务正在消失殆尽。因此，它将业务转型为流媒体服务。然而，在其业务平台做出如此重大改变的过程中，它一直在帮助培训客户，让他们对新产品感到满意。我认为对我们大多数人来说，适应渐进式的迭代总是比突然的剥离来得更为容易些。虽然对该公司的许多客户来说流媒体是陌生的，但通过帮助这些客户成功转变，该公司与时俱进，并继续成为当今成功的企业。

适应技术变革

新技术所带来的变化往往时有发生而且让人措手不及。我们都见到过新的技术出现后不久，一些公司就倒闭了，因为它们缺乏相应的适应能力。还有一些公司找到了适应的方法，且能在不断变化的现实中与时俱进。

新的技术淘汰掉一家公司的基础核心能力，最好的佐证便是西联汇款（Western Union）。在其全盛时期，西联汇款据称每年会发送超过 2 亿份的电报。当人们能负担得起长途电话服务时，这项业务就衰落了，而互联网给电报业务的棺材钉上了最后一颗钉子。然而，该公司在今天仍然基业常青。它是世界上最大的转账服务提供商，在 200 个国家有超过 51.5 万个代理网点。

位于加州蒙特贝洛的 Digitron Electronics 提供音像维修的业务。在意识到了小修理店的衰落之后，它的领导人致力于寻找保持企业与时俱进的方法。该公司开始与各大制造商建立起联盟，这些制造商正在裁减自己的技术人员。然后，这个联盟发展了一个专门维修和维护广播摄像机、平台和监视器的团队。这意味着，该公司必须削减冗员，并停止为一些品牌提供服务，因为这些品牌的服务费用不足以让该公司实现赢利。朝着这一方向所做出的改变吸引了如华特迪士尼公司、太阳马戏团、松下和美国军方等方面的客户。

另一个深受颠覆性技术影响的行业是报纸行业。许多我们曾经知道的企业品牌已经消失了。在我的家乡圣路易斯，《环球民主党人报》（*Globe Democrat*）不见了，每天发行两次的《圣路易斯邮报》（*St. Louis Post Dispatch*）现在变成了只发行一份晨报。就我个人而言，我是在 iPad 上看新闻的。这比我手上沾上黑色油墨和纠结于报纸上的褶皱要好多了。比竞争对手做得更好的是那些接受了新技术的新闻媒体。例如，《华尔街日报》有一个强大的网络版本，每天都会定期更新。读者可以选择订阅纸质版或者电子版，或者两者兼而有之。

说到技术的颠覆性，最起码的一点是它不会消失。商业领袖需要不断评估风险，并随时准备做出改变。俗话说，如果你不能打败他们，那就加入他们。

扩大范围：大规模定制

在听了我之前对利基市场的讨论之后，很多人会觉得这听起来有些反常：虽然我们清楚"一刀切"的事例很少见，如果有的话，也很少是真的，但是我们知道在销售方面，越多人适合我们的产品和服务的话，我们就越有钱可赚。

这一基本事实就产生了我们所谓的大规模定制，从 Etsy 上的零售商到大型 B2B 制造商，每个人都在采用这种策略。这个术语有点自相矛盾，但如果你能把握住这个概念，你就能让你的企业走上更好的销售之路。

　　大规模定制有四种不同的途径，让我从一个简单的例子开始。想象一个设计和销售音乐教育材料的电子商务网站，比如一部关于如何学习演奏蓝调的教材。一个吉他手在写最初的课程时，可能会想到其他吉他手。

　　由于教材的核心内容适用于各种各样的乐器，企业主决定寻求其他细分的市场，比如钢琴演奏者。但他很快发现，标有吉他图案的教学材料和网站上所有关于吉他的讨论都让钢琴演奏者望而却步。

改变外观

　　虽然核心内容并没有变化，但企业主会制作一个包含键盘图形的课程版本。他甚至创造了一个完全围绕钢琴和键盘设计的微型网站。他调整了电子邮件的营销材料，为吉他手、键盘手甚至萨克斯管手和其他人提供了量身定制的服务。

　　在大规模定制的四种方式中，我接下来要谈的属于化妆品范畴：其核心产品保持不变，但外观改变，以此吸引不同的细分市场。为了成功实现这种定制化，你需要精确地细分你的潜在客户，这样他们就可以进入正确的销售渠道，然后你要确保他们在成为你真正的客户后能接收到合适的后续服务。

一个基于云计算的好的小型企业客户关系管理系统将会处理好这个问题。广告和市场营销将要面临的挑战是如何找到合适的潜在客户。在我上面提到的音乐教学的例子中，广告渠道如 AdWords，或者更好的是脸谱网广告，这些都可以帮助企业主找到那些会演奏合适乐器并且愿意学习的人。

正如我所解释的，我的例子基本上是化妆品。然而，还有其他更重要的因素。我的一个朋友买了一个用来钓鱼的充气皮艇。而这个皮艇本身就是一个基础款的包包，但是它可以有不同的布局构造，这取决于你是想用它钓鱼还是冲浪。

适应特殊用途

这就是适应性的大规模定制。你的企业起始于给客户提供一个基本的产品，客户获得附加组件，使其满足于他们的特殊用途。在软件世界中，我们可以看到通过添加各种插件定制程序的函数。

运用这种方法的话，你不仅需要处理以上所述的潜在客户以及客户细分问题，你还面临巨大的供应问题。以皮划艇为例，你需要在合适的时间订购合适数量的特别适合垂钓者的座位，在假期有可能还要增加其产量。

当要对产品的生产和库存投入大量资金时，了解客户和产品生命周期是至关重要的。能够挖掘历史行业数据并做出良好的预测将决定企业是赢利还是亏损。

朝着新方向，坚守核心竞争力

我跟你说过一家依靠卡骆驰获得初步成功的创业公司，但卡骆驰这家公司本身的发展如何呢？它经历了一段前景相当黯淡的时期。

这种由模压塑料制成的笨拙的（在我看来很丑的）、经济实惠又舒适的鞋子风靡市场。其销售额迅速飙升，仅仅两年多的时间，这家公司就上市了。但其光彩正如流星一般，转瞬即逝，它的股价遭遇暴跌。最初，卡骆驰只在精品店或购物中心的售货亭里出售，但是在后来，你可以走到当地的7-11便利店，购买一个大杯饮料时就可以买上这么一双鞋。曾经流行的鞋子失去了它们"酷"的元素。事实上，如果你去谷歌搜索"憎恶卡骆驰"，你会发现一篇又一篇的文章都在抨击这个品牌。

你将如何重振这样一个品牌？当卡骆驰的领导层开始思考这个问题时，我肯定不在他们的会议室里，但我可以自信地推测一下他们考虑的策略都有哪些。一种选择可能是聘请名人在广告和公众场合展示这款鞋，这有助于他们重新赢得流失顾客的青睐。然而，这样的策略产生的效果并没有保证，而且费用也会非常昂贵。

或者，该公司也可以选择投入大量资金用于研发，以开发另一种突破性的产品。当然，这需要时间和资金。

该公司需要坚守自己所擅长的领域：生产具有功能性、价格适中、穿着舒适的鞋子，但要有新的突破。因此，该公司推出了适应新的生活方式的鞋，从运动鞋、高尔夫鞋到豹纹芭蕾平底鞋。事实上，我有一双这样的鞋子，而且我很喜欢它们，然而我是绝对不会穿卡骆驰的经典款鞋的。

花生酱和果酱

有谁曾想过会把这两种产品放在一起呢？一个会粘在你

嘴的上颚上，而另一个又甜又软。然而，当它们与白面包相结合时，就变成了花生酱果酱三明治（PB&J），这个产品一问世便轰动一时。果酱生产商 J. M. Smucker 公司委托进行的一项调查发现，每个美国人在高中毕业之前所吃的花生酱果酱三明治平均超过 1500 个。

想想这会对其相关的每个单独产品销量所产生的影响。将两者结合起来，它们的市场会呈指数级扩大。此外，花生酱果酱三明治给这些富有创意的企业家们打开了机会，让他们可以通过其他简单的调整找到商机。1999 年，两位独立发明家伦恩·克雷奇曼（Len kretchman）和大卫·盖斯克（David Geske）获得了一项专利，他们发明了一种密封的无硬皮的三明治，由花生酱和果酱制成，保质期很长。Smucker 从发明者那里购买了专利，并基于此开发了一种名为 Uncrustables 的商业产品。如今，该公司的 Uncrustables 销售额每年超过 6000 万美元。一个简单的改变创造了一个新的销售渠道。随着美食餐厅在菜单上推出精美菜品，针对花生酱果酱三明治的重新发明也在继续。摊贩会把它们油炸，煎饼店则把它们做成华夫饼。

在你反思你的商业策略时，问问你的果酱里是否有这样的花生酱，融合可以创造出新的、更广阔的市场时机。

与客户合作

对于许多项目，无论是针对消费者还是企业市场，公司都会采用协作式大规模定制。在这种情况下，销售人员通常会帮助最终买家获得适当的附加服务。

在为《哈佛商业评论》撰写的一篇文章中，詹姆斯·H. 吉尔摩（James H. Gilmore）和 B. 约瑟夫·派恩二世（B. Joseph Pine II）提到了日本眼镜零售商 Paris Miki。该公司拥有一个基于计算机的系统，这个系统可以让顾客看到不同镜框戴在他们脸上的效果，同样，它还详述了这些镜框对镜片的要求。当客户和视觉专业人士选定了适合自己的镜框和镜片，这个系统便会自动将信息发送给配镜平台。

预见需求

大规模定制 —— 恕我直言 —— 让你的供应商比你自己更了解你需要什么。让我们假设一个商业肥皂制造商为公司配制了一个能适应全国各地不同硬度水质的肥皂产品，最后买家甚至可能意识不到这一点，但是当和没有专门为此配制的肥皂相比，用户们便会注意到这款肥皂的优越性。

在这种情况下，你必须有一个稳固的系统调节生产并能识别出产品运往的目的地。你还可以跟进产品使用的情况，以此确保所运送的产品能到达它最适合的地方并最好地发挥其用途。

有了今天我们所能获得的所有数据，我们会有很多定制的机会——如果我们够聪明，能第一个挖掘这些数据，创造出定制的产品和服务，然后将系统落实到位，以确保我们对其操作保持严格的控制。

不断变化的需求

我在金融服务领域的一个部门工作了近 10 年，这个部门主要是评估和发放一种基于资产的贷款的，即 floor planning①。你可能比较熟悉汽车行业里的这种情况，但我们为各式各样

①　一种提供循环信贷额度的融资方式，借款人或经销商可通过抵押其存货而获得融资。——译者注

行业的经销商都提供了同样类型的融资，从摩托车、房车到电脑、办公设备。只要制造商的产品有序列号，我们就可以为经销商创建融资项目。

检验员会定期去拜访经销商的销售地点，盘点库存，以确保我们融资的产品（我们的抵押品）还在库存中。多年来，这项业务一直是摇钱树，但它渐渐失去了其价值。为什么呢？因为准时制库存系统的出现，经销商没有必要再去为库存融资。

如今，企业和消费者都开始选择快递服务。只需要点击一下，你就可以从你最喜欢的餐厅订购外卖食品，预约一个家庭瑜伽教练，甚至可以在晚上外出前按需选择在办公室做头发和化妆。对于那些想要吃得更健康但又不愿去买食材的忙碌的专业人士来说，成套的半成品食材会快递到他们的家门口。

虽然技术会为你满足客户的需求打开一个新的途径，但它也会给企业领导者带来一些难题。你如何保持与市场的联系？你有办法提供不同层次的客户体验吗？这里的矛盾点在于人们渴望快速、实时的回应（点击一下即可）和更详细、更复杂、更高端、更直接的交流（坐下来讨论）。1% 的精进使你能够分析这些方式之间细微的差别，并对自己的客户服务进行适当的调整，同时仍然维持你的客户关系。

找到利基市场，定制你的产品和服务

确定利基市场关系有两种起步的方式：从产品方面或者从市场方面。我们目前大部分针对利基市场的讨论都是从产品开发层面展开的，所以现在让我们看看从市场层面确定利基市场关系潜力的策略。

今天，我们的人口分布比以往任何时候都要更加分散。为了充分利用这一点，我建议你创建一个电子表格，将美国市场的所有人口统计分布输入表格左边的栏目中。每一组代表一个潜在的利基市场。一旦你认为你已经确认完了所有的分组，在你的电子表格顶部列出你所有的产品和服务。

接下来，集体讨论一下如何为你创建的电子表格中的每个单元格定制你的产品或服务。例如，如果你是销售室内油漆涂料的，那么在你的电子表格的某个单元格中，就会有来自拉丁美洲的千禧一代移民群体。你可以对这一买家群体的颜色偏好做一些研究，然后在针对这一群体的营销流程中融合这些特殊的颜色。

当然，这张单元格里面也会存在你不知道要如何做才能让你的产品或服务对这个利基市场具有独特吸引力的情况。例如，Z 一代可能还太小，无法考虑房子油漆涂料的问题。

这个练习表明了团队的多样性是如何极大地促进企业未来发展的。不要孤注一掷。让团队中尽可能多的人参与到这个过程中来。当有着不同背景的人试图解决这个难题时，他们很可能会对你知之甚少或无法理解的顾客群体提出一些真知灼见。

全球市场能够建立可持续性

你可以想得更深远一点，让你的产品适应全球的市场。世界上 95% 的购买力在美国境外。而你要是在大型企业中担任领导职务的话，你可能已经在开拓国际市场了。但中小型企业可能还没有利用这一发展的机会。根据美国小企业管理局（U.S. Small Business Administration）的数据显示，在美国近 3000 万家小企业中，只有不到 1% 的企业参与了出口。国际经济研究所（Institute for International

Economics）的一项研究发现，从事出口的美国公司不仅增长更快，而且倒闭的可能性比不从事出口的公司将近低了 8.5%。

全球市场为知名品牌、成长型企业和小型企业提供了机会。对于小型企业来说，技术已经改变了过去缺乏资源或专业知识拓展全球市场的游戏规则。

Dream Beard 的创始人瑞安和布列塔尼·莱恩（Ryan and Brittany Lane）在布列塔尼父亲的餐桌上开始了他们的创业，提供男士胡须护理产品。这家公司开创这一业务领域的先河，而且发展迅猛。开通四个月后，他们的产品已经销往超过 35 个国家。莱恩说："如果你处在电子商务领域，我会问'为什么不把网撒到更广阔的水域里去呢？何乐而不为呢'。"

虽然我们会阅读每日的新闻事件，关注国际贸易相关的问题，例如不同国家集团之间签订的重要贸易协定，但是历史的进程是很明确的：全球贸易将会持续增加。

采用 1% 的精进流程的领导者将会找到从全球贸易中获益的方法。向国外拓展你的业务不仅仅可以为你打开新的市场，还可以帮助你减少市场低迷所带来的不利影响。你的产品销量在美国可能会有所下降，但在亚洲却颇受欢迎，反之亦然。

　　主要的国际货币价值的波动也会影响到你的企业。我们已经看到了一些大公司因美元相对于其他货币的价值变化而获益或者受损。如果你购买进口物资或材料，你可以通过海外销售保护自己免受美元疲软的影响。

　　要想利用美元疲软的时机，那你必须在海外拥有自己的业务。如果你只是等待时机"恰到好处"时，那就太晚了。如果你现在就开始着手观察其他经济体和其他文化是如何发展运营的，你可能会发现你的产品或服务很匹配，或者稍做一些改变就能完美匹配。

　　美国人作为世界流行文化的引领者让人欣羡。虽然我们可能不再出口电视机，但这个世界需要我们穿的衣服、我们听的音乐，以及各种各样的消费用品。走到地球上最偏远的村庄，你都会发现有可口可乐在出售。我最近听说有个年轻女人在美国购买积压或停产的女装，然后装箱运给玻利维亚丛林里的销售代表。

成为一个自学者：改变的艺术

　　在很多方面，互联网可谓是一个强大的均衡器。我提到过它是如何让那些小公司能够与大公司一决高下的。这种均衡作用还在于，它降低了许多企业的准入门槛。

准入门槛的降低与当今企业的发展速度相结合，这就营造了一种环境，在这个环境里个人创办企业和现有企业的经营者转换业务模式的速度加快了。

在颇受欢迎的时装设计真人秀节目《天桥风云》（*Project Runway*）中，海蒂·克拉姆（Heidi Klum）每一集的开场都会说："正如你所知道的，在时尚界，有一天你以为你进入了这个圈子，第二天，你就会发现你已被淘汰出局。"任何企业都是如此。近几十年来，一家公司跻身《财富》五百强的时间已被大大缩减了。

当你想要创建一家公司或进行业务调整时，你所面临的挑战是要确保第二天你不会被淘汰出局。

在这一章中，我介绍了很多成功和失败的企业运营模式案例。反思这些案例，吸取其中的经验教训，这会让你在开始一项新的业务或者需要进行业务转变时增加你成功的概率。

问题是："为什么有些商业的想法相当成功，而有些却失败了呢？"虽然这个问题的答案并不简单（至少当你试图做出预测时是这样的），但是如果你研究过去企业失败和成功的案例，并寻找其中的模式或共性，你就可以提高成功的概率。事实上，我建议你记下业务转换和创业时的成功和失败案例，找出导致最终结果的原因。以下是一些我认为比较重要的节点。

香蕉共和国（Banana Republic）。这家服装连锁店的名字对于你来说听起来很奇怪吗？如果你知道了它的起源，你就不会感到奇怪了。最初，该公司销售的基本上是旅行装或者是旅行风格的服装。其中颇具特色的产品便是一件摄影师的背心，这个背心上面有十几个用来装镜头的口袋。

我相信，那种零售模式的新颖感不再奏效。盖璞（Gap）最终将其收购，并将其重新定位为一家高档服装品牌，如今这家服装品牌似乎发展得相当强劲。

那是什么使得最初的想法无疾而终，而转换业务却能永葆其活力呢？关键在于新奇这个词。一个新奇的想法可以在极短的时间内诞生，但根据字面理解，新奇感会随着时间的推移而逐渐消失。然而，对高档服装的需求却是一直存在的。

Webvan。这家公司是最初互联网泡沫历史性爆发时，第一波倒闭的网络电商的典型代表。其核心理念是送货上门。这个主意听起来不错，但最终不过是黄粱一梦，使其立于必败之地。

到底是哪里出了问题呢？我认为，它失败的根本原因属于"超前"这一栏，可以归结为过于深入和迅速地去实施一个还未经证实的想法。换句话来说，一个更小规模的试验应该就能让公司领导者和投资者们了解到他们的想法超前了。

贝宝（PayPal）。这种无处不在的互联网支付方式一开始希望销售一种用于个人数字助理（PDAs）的数字安全系统，该系统可以让用户进行支付——想想早期版的苹果支付就和这差不多。但它的潜在用户基数并不是很大，更不用说在那个时候，这种支付方式是需要顾客极高的信任度的。

该公司转向了一个更加通用的、基于网络的支付系统。从业务启动的角度来看，有如下几个优势。首先，它可以像电子商务一样搭上互联网的便车。其次，贝宝可以形成一个适用于所有浏览器的标准化系统。因为该公司早期考虑过PDA，它就不得不去处理各种品牌的 PDA，以及各种各样不断变化的操作系统。

让我再分享一个朋友告诉我的企业在发展中所经历的业务转型案例。一些公司最近开发了智能手机的应用程序，其功能类似于美国汽车协会（AAA）的路边援助服务。其中一家公司从向消费者推销这个应用入手，这似乎合乎逻辑。毕竟，全美有数百万的司机，你会认为他们中的很多人都是支持这个想法的。

然而，针对个体消费者意味着你必须进行大量的单笔销售。我朋友告诉我的那家公司现在已经转型，它现在正在向保险公司推销它的应用程序／服务。它基本上已经从起初建立时的直接面向消费者销售产品和服务的商业模式（B2C）发展到专注于企业对企业的销售模式（B2B）。这让企业的发展前景变得清晰可见。它所推销的是一家大型保险公司吗？如果是的话，让我们一起提个建议。美国司机是一个多元化的群体，向这个群体推销产品将会是一大挑战。一般来说，司机是终极的反利基市场。

认识到向大型保险公司进行营销的潜力，这强调了许多获得成功的一个必不可少的模式：把你的马车拴在一匹寿命比较长的马上。保险公司已经存在了几千年，它们不会消亡。对于如今比较危险的一个观点是，将主流媒体的关注误认为一种持久的商业模式。

最近的一个社交媒体事件充分说明了这一点。社交媒体本身是持久存在的，但对于其中任何一个个体玩家来说，情况就并非如此了。推特早期的短视频部门 Vine 就是一个佐证。刚发布那会儿还声势浩荡，之后逐渐销声匿迹。当 Vine 还很流行时，很多人在 Vine 上成了网红。Vine 倒闭后，很多人的职业生涯便走到了尽头。

如果你自己正处于需要调整业务计划的时刻或者你正在计划一个全新的创业项目，你可以从以上这些业务转型的经验教训中学以致用。这些都是值得研究的有趣案例，我强烈建议你关注它们，这样你才可以看到这些失败和成功的案例背后的模式。

1% 的精进

The One-Percent Edge: Small Changes
That Guarantee Relevance and Build
Sustainable Success

第五章　人的精进

让围绕在你身边的人是那些你能找到的最优秀的人。下放权力，只要你决定的政策正在被执行，就不要去干预。

——罗纳德·里根

拥有合适的人对任何企业的成功都是至关重要的，一家公司要创造 1% 的精进的话这一点是必不可少的。值得反复提醒的是，你不知道你所不知道的东西是什么。睿智的领导者都明白这一点，而明白这一点是建立一个伟大团队的基础。你可能听商业专家说过，伟大的领导者会雇用比他们更聪明的人。

　　许多人认为罗纳德·里根是一位伟大的总统。无论你是否同意我的观点都不影响我发表看法。人们认为里根会失败，但里根身边聚集了美国所能提供的最优秀、最聪明的人才。结果就是，他让苦苦挣扎的经济重获生机。他重建了军队，恢复了同盟关系，他做了许多批评他的人认为不可能做到的事情。

　　要充分利用 1% 的精进流程，我们团队里的是否都是合适的人选?

我们是否在发挥各方力量的作用?

我们的团队是否真正了解公司的目标?

我们是否为我们的团队提供了取得成功所需的资源和培训?

我们是否存在管理层级太多以至于反应缓慢的问题?

我们的员工是否以服务客户为中心?

我们的员工是否被授予权力并承担其相应的责任?

我们如何吸引和留住团队成员?

我们的雇主品牌传达的是什么?这是我们想要并且应该要表达的吗?

人们想为我们公司工作是因为这代表着什么还是他们只是想要一份工作而已?

我们的管理层是否建立了信任和尊重?

我们的员工是否觉得他们可以畅所欲言而不用担心受到惩罚?

在我们的企业组织中是否有一些不成文的行为准则限制了企业的发展?

我们的团队是否认同公司的价值观?

我们的员工能看到发展大局吗？

我们是否给员工提供了一个制定企业未来发展战略和方向的机会？

没有人能给出所有的答案，尤其是在这个瞬息万变的世界。这使得人才成为你获得成功最重要的组成部分。

要使得你的企业发展愿景成为现实，你需要什么样的技能和人才？成为一个能够利用 1% 精进的公司，最重要的因素便是从对自己的企业需求有一个清晰的认识开始。

减少累赘

我认为对于各个层级的企业领袖来说，这是整个流程中最困难的部分。然而，如果某人并不适合你公司的发展方向，那么是时候放弃这种关系了。即使是实力雄厚的大公司也没有足够的预算容纳那些不上道的团队成员，他们或是不具备合适的技能，或是未能全身心投入。2017 年 2 月的盖洛普美国职场情况调查发现，70% 的美国员工表示，他们感觉自己未能完全融入自己的工作场所。这些员工在情感上是与他们的公司疏离的，甚至可能会危及雇主们的利益。他们的工作效率更低，侵占公司物品的可能性更高，旷工也更为频繁，他们可能会对其他同事产生负面影响，并赶跑客户。

据盖洛普的估计，消极怠工的员工每年会给美国造成4500 亿到 5500 亿美元的生产力损失。随着美国企业试图收复金融危机期间的失地，达到经济衰退前的繁荣水平，这种情况着实令人担忧。

对于那些致力于实现并维持 1% 精进的企业来说，持有"这不是我的工作"或"这已经够好了"态度的员工并不适合它们。你的企业需要每个人的能量、热情和创造力。"这不是我的工作"不是企业员工应该说的话。"足够好了"也是企业永远不会接受的说辞。

资历是死的

如果你的企业和大多数企业一样，那么在你的企业中会有工作多年，却不再尽心尽力的员工，他们对改变、创新甚至学习新事物都不感兴趣。他们敷衍，并且满足于现状。然而你并不觉得你可以让他们走人，因为他们在企业的资历深厚。

这种想法是不对的。人们反对资历，是因为这如同在奖励"朽木"。如果一个员工表现出了强烈的创新意识，那么不要不愿意越过一个资历深厚的老员工提拔他。

　　不成文的企业规则：你的公司文化传达的是什么——人们不会拒绝改变。他们拒绝被改变！

—— 彼得·圣吉（Peter Senge）

你企业中的每个人都在成功实施 1% 精进流程中扮演着不可或缺的角色。每个声音都需要被倾听，作为一个商业领袖，你需要去倾听。如果你团队中的人员并不合适，那么你想营造一个创新的工作环境就会变得很困难。

我建议你思考的另一个问题是，你的团队是否愿意接受改变。没有对企业的创新形成一个正确的态度，你会发现自己只是在原地打转而一事无成。创新和改变不会应上级命令而产生。作为一个企业领袖，你需要赢得你的团队里的人心和智慧。然而，公司不成文的文化可能会严重阻碍你推动公司发展的能力。

我父亲住在养老院。我不出差时，都会尽量每天至少顺道看他一次。然而，很多次，当我离开家去往别处时，我会突然"醒悟过来"，发现自己正在去往养老院的路上。这是一种习惯，是我的思维定式。在你开车去某个地方时，这并不是一件多大的事，你可以纠正你的路线。但是，这种习惯性思维对于一个试图实现 1% 精进并想在当今市场与时俱进的企业来说会很麻烦。

习惯性思维的问题在于当我们在做商业决策时，这些思维和习惯的影响往往是不可见的。习惯是慢慢养成的，而你的团队很可能甚至都没有意识到这些习惯的存在。就算他们意识到了这些习惯，他们可能不知道这些习惯是如何形成的，他们甚至可能不能准确地指出这些习惯具体是什么，但是每个人都意识到了它们的存在，并且打破这种模式会让他们感到不舒服。无论你说得有多么天花乱坠，他们必须得保持现状。

想想通用汽车（General Motors）的经理和高管们所犯下的糟糕错误，他们没能召回数百万辆点火装置有致命问题的通用汽车。该公司发布的一份报告中提到了"通用点头"，即经理们会参加会议，讨论行动方案，然后什么也不做。通用汽车首席执行官玛丽·巴拉（Mary Barra）将这一行为描述为严重的无能和自满，她说她打算对其进行改变。如果这是你的企业，你能想象吗？你们达成了一项行动计划，但却没有采取任何行动。

在确定了不成文的内部规则之后，通用汽车发起了一场"为安全发声"（Speak Up for Safety）运动，鼓励员工及时提出安全问题。不用说，在每个企业中，员工都应该自由地公开表达出他们的担忧，但事实往往并非如此。为什么呢？因为无形的公司文化往往是随着时间的推移而逐渐形成的。

关于明文规定的公司文化在行动中的不同反应，最好的一个例子便是安然（Enron）。由首席执行官肯·莱（Ken Lay）撰写的声明中写道："作为安然公司及其子公司、附属公司的管理者和员工，我们有责任依照所有适用的法律，以道德和真诚的方式处理公司的业务。"莱继续指出，长达64页的《安然道德准则》传达了公司董事会批准的政策，享有公平和诚实的声誉的公司会深受人们的尊重。安然公司的道德规范还规定："一个员工的行为处事不得直接或间接地对公司的最大利益造成损害。他们也不应该表现出自己的财务收益是自己在这个公司就职的直接成果。"

人们不禁要问，一个有着明确的道德规范的公司是如何被贪婪和欺骗所压倒的。俗话说：行动胜于空谈。在这个例子中，根据许多文章和评论的分析，公司的高层领导和公司文化演变成了一种对不道德行为的容忍，在我看来，甚至是对不道德行为的鼓励和乐见其成。

安然的员工们被迫实现业务达标并完成工作配额。同样，富国银行的员工在完成业务配额时倍感压力，他们不得不办理虚假的银行和信用卡账户。许多新闻报道说，经理们容忍这种不惜一切代价的心态。这种欺诈性行为在管理层中达到了什么程度呢？对于这个问题还没有定论，但可以说足够让首席执行官辞职的程度。多年来，这种行为成为企业规范的一部分，即使员工们也许知道这是不正当的行为，但因为这个行为是被接受的，他们便会去效仿。

作为包含 1% 精进流程的公司领导者，必须建立一个像精心喂养的赛马一样蓄势待发的团队。你的整个团队都需要以客户服务为中心，并着眼于新的时机。然而，辨别那些可能会阻碍企业成长的不成文的文化规范并非易事。

和你的员工们聊一聊，问问他们对公司的业务运作有些什么先见之明。员工们很有可能会觉得在不具汇报性质的小组群体中讨论这些不成文的规则会让人更舒服。这所需要的时间和付出之多取决于这些习惯在你的企业中有多么根深蒂固。但如果你不去做这些，那么你在建立一个具有 1% 精进的企业时只会心有余而力不足，并且你可能很快就会发现你的公司开始逐渐与市场背道而驰。

大公司们可以从颇受欢迎的电视节目《卧底老板》(*Undercover Boss*) 中得到启示。这个节目的每一集都会有一家大公司的老板伪装身份，与他们的一线员工一起工作。这些首席执行官和创始人对公司日常所发生的事情了如指掌。

虽然你可能无法亲自去做这个事情，但你可以稍微转换一下这个"神秘顾客"的想法，你可以去雇用一个"神秘的新员工"代替你。你要有创新思维，对你的员工要大度。

只汇报领导层想听的

> 好的管理在于展现普通人如何去做杰出的人所做的工作。
>
> ——约翰·D. 洛克菲勒（John D. Rockefeller）

孩子们经常说他们知道父母们想要听什么样的话，你的团队成员亦是如此。你的员工是否会因为想要取悦你而对你有所隐瞒呢？

想想在诺基亚身上所发生的事情。该公司尽管在 2007 年占有全球市场份额的一半，但却在智能手机大战中落败了。虽然导致诺基亚失败的原因有很多，但同样的错误犯了两次，很可能才是导致该公司倒闭的一道催命符。公司领导层继续做那些能推动其最初取得成功的事情，这其中就包括允许诺基亚手机采用塞班操作系统，这都没有问题。

错就错在，它没能预料到苹果的 iPhone 和 iOS 会如何改变手机的前景。也许诺基亚本可以从这个失误中缓过劲来，但是在它放任自己企业的利己主义对谷歌的安卓操作系统的智能手机嗤之以鼻时，它的悲剧早已注定。

我想再讲一个我观察的结果，它可以说明领导盲目行事所带来的危险。你可能还记得，在 iOS 和安卓盛行的早期，诺基亚的销量在发展中国家仍然是相当可观的。但是由于某些原因，诺基亚企业的领导层无法认识到这样一个事实，那就是一旦那些发展中国家市场的消费者群体体验了 iOS 或安卓智能手机之后，他们也会想要购买这些手机。

你要营造一种接受别人分享好消息也分享坏消息的环境。只要我们对这些坏消息严肃对待而不是过于乐观的话，坏消息实际上在你的决策过程中显得更为重要。

建立一支具有优势的强大队伍

> 一小撮有想法的人聚在一起就可以改变世界。的确，这是曾经唯一有过的事情。
>
> ——玛格丽特·米德（Margaret Mead）

既然你现在已经意识到了那些不成文的规则和习惯会极大地影响你的企业增长和创新，要应对这一点，其中一个方法就是建立一支强大的团队。年度员工绩效评估已经成为过去时，因为这些评估只是在维持现状以及让员工们继续自满。在衡量一个员工的表现时，年度绩效评估过于不合时宜。老实说，你真的能在一个单一的评估中反映出你一整年的工作吗？你全年都在记笔记吗？你记忆中最深刻的事情是什么，它们是好的还是坏的？一些专家认为，绩效评估实际上有碍于员工的最佳表现。一些公司，比如咨询公司埃森哲

（Accenture），正在彻底地淘汰这种绩效评估方式。埃森哲首席执行官皮埃尔·南特姆（Pierre Nanterme）解释说，这种绩效评估方式"成本太高"，而且无法实现促进员工更佳表现的目的。

除了取消绩效评估流程，越来越多的公司正在废除过时的等级制度，因为这会引起同事之间激烈的竞争。在我的第一份工作中，你可以通过一个人的隔间大小、办公室椅子的数量以及她是否能接触到行政助理判断她的级别。在当时，这些都是成功的标志。

公司正在利用团队的力量，而不是复杂的组织结构图和可靠的报告结构。我相信你一定听说过整体大于各部分总和的情况。对于团队的集体智慧来说，这似乎是正确的。研究表明，团队要比个人单独工作时更有效率、更具有灵活性以及更富有创造力和创新性。谷歌开展的一个项目发现，团队可以更快速地发现错误，并找到更好的解决方案。据报道，在团队里工作的人往往会取得更好的成就，并会收获更高的工作满意度，这自然也会提升企业的赢利能力。

然而，这里需要提醒一下：正如我们所了解的，业绩评估正在被取缔，但衡量员工业绩表现的做法并不会完全消失。

如今，制度健全的公司领导者会向员工们提供一些实时反馈。定期开展一对一的会议可以让他们确定事件优先级，讨论取得的成就，以及给予一些指导和提升。此外，他们还会在一个开放的环境中定期开展同行表现评估。虽然一些团队成员可能会不太愿意参与这个评估，但通过向员工说明这些评估对公司发展的重要性，强大的企业领导者会督促员工加入这场艰难的对话中来。

为什么有些团队能成功而有些团队却会失败呢？谷歌展开了一个名叫亚里士多德的项目，研究是什么造就了成功的团队，并学会如何将这些造就最佳团队的要点结合在一起。在很多方面，这绝非易事。研究人员未能找到一个清晰的模式。他们研究了心理学家和社会学家关于群体规范（控制群体行为的不成文的规则）的研究，然后这个挑战就变成了如何影响群体规范。

由卡内基梅隆大学、麻省理工学院展开的一项研究发现，能区分一个好的团队与有问题的团队的，是团队成员之间如何对待彼此。正确的规范可以提升团队的集体智慧，而错误的规范则会阻碍团队的发展，即使其中每个成员都非常聪明。所有人都应该获得同等的发言时间。首席研究员安尼塔·威廉斯·伍利（Anita Williams Woolley）说："只要每个人都能得到发言的机会，这个团队就会做得很好。但如果只有一个人或一小群人一直在说话，那么集体的智慧就会被扼杀。"

优秀的团体同样需要有较高的平均社会敏感度。他们能根据别人声音的语调、表情和非语言暗示了解别人的感受。他们对彼此的情绪很敏感，能共享别人的故事和情绪。在这种团体里面的成员会觉得表达自己的观点以及承担相应风险是安全的。

这可能是研究人员发现的最深刻的一个见解。如果你想发挥团队的力量，那么你的员工必须在心理上获得安全感。同事之间需要投入时间建立相互的联系以及人际安全感。

团队的构建

人们需要知道如何将他们的工作融入更宏大的任务中。在一个重要的产品中充当一个小角色是无伤大雅的，但是在一个毫无意义的产品中扮演了这么一个小角色，对于团队合作以及生产力来说都是有害的。

*密切关注团队效率。*衡量一下团队成员在发现问题和决

定讨论这个问题之间所花费的时间。花费的时间越长，说明团队的功能越发紊乱，导致士气下降，成员也会变得涣散。流言蜚语猖獗盛行，成员之间的沟通便会出现问题。你需要营造出一种氛围，在这里人们可以放心地及时指出问题所在。

建立团队的多样性。《哈佛商业评论》的一篇文章指出，最近的一项研究发现，成员更为多元化的团队更具有创新活力。当你和你不一样的人一起工作时，你会被迫从不同的角度思考问题。你摆脱了陈旧的思维方式，摒弃了那些阻碍你表现的习惯。我们总是在说要跳出思维的条条框框，打破常规，但是如果团队里每个人的思考方式都是一样的，那么要做到这一点是不可能的。

需要更多的佐证吗？你可以看看以下这些发现：

在发表于《创新：管理、政策与实践》（*Innovation: Management, Policy & Practice*）的一份研究中，文章作者对西班牙 4277 家公司的研发团队的性别多样性水平进行了研究。他们发现，女性员工更多的公司更有可能在两年内为市场注入全新的创新思路。其他的研究也发现，文化多样性能促进创新。

麦肯锡 2015 年发布的一份关于 366 家上市公司的报告显示，员工的民族和种族多样性位列最高四分位数的公司，他们的财务收益高于行业均值的可能性为 35%。而对于那些性别多样性位于最高四分位数的公司来说，这个比例为 15%。

《哈佛商业评论》的一篇文章指出，多元化团队更有可能严密地检验事实，并且不同的小组会提出更多与事实相关的问题，他们犯的事实性错误会更少。

和与你很像的人一起工作可能会让你感到更为舒适，但你不应该由此陷入一种虚假的安全感中。从众、群体思维、传统和不成文的规则扼杀了我们的创新思维，阻碍了企业 1% 精进的发展。

我为人人，人人为我

极其普遍的是，企业经常会处在一种内在的竞争中。各部门会抢夺资源，这个部门不知道另一个部门在干什么，所以会出现很多冗余程序。创新也会随之消亡，因为各部门之间没有共同的愿景。每个部门都在为自己的"赢"而竞争，而没有考虑到整个企业，他们建立起了自己的小王国。

行为科学学者赞同竞争本身并不一定是件坏事。想想这一代的孩子，他们只要出场就会获得奖杯。正如匹兹堡钢人队的线卫球员詹姆斯·哈里森（James Harrison）所说："有的时候拼尽全力还是不够，这会促使你想去做得更好。"所以竞争在某种程度上是健康有利的。但是，当你企业内部的竞争变得激烈异常，员工之间无法进行合作时，那么你的任务就是打破这个壁垒。

无论你的企业属于何种性质，你的企业都需要灵活性才能创造出竞争优势。一个成功的企业组织在战略、目标和愿景层面保持着完全的一致性。这种一致性能让企业朝着正确的方向前进，企业里所有的参与者也都能了解到这个发展方向。

为了防止内部冲突破坏掉你对企业创新和与时俱进的要求，你要确保你的沟通是整体大于部分之和，并考虑基于员工的合作程度对他们加以奖励。你要确保他们知道其他部门、小组和团队是如何对公司的发展目标产生影响的。我咨询过的一家公司会让其他部门的一名指定成员参加该部门的员工会议，以便了解该部门正在做的事情，并将他所了解到的情况汇报给其他部门。

你要谨记真正的竞争对手来自那些将你的企业置于危险当中的外部力量。将重点转向外部，全公司上下一致对外。

具备 1% 精进的员工的标志

许多企业领导者都意识到了拥有优秀的团队成员的重要性。但是，你要如何确定他就是适合帮助你构建一个能够实现 1% 精进文化的员工呢？虽然没有明确的人员清单可以提供给你，但是你可以从以下三个隐形的特质入手：

团队合作者。我之前就说到过这一点，但是"这不是我的工作"这句话就像用指甲盖划过黑板一样让我讨厌。具有优势的团队成员并不会去担心她的工作职责。她会顾全大局，并热切地做一切需要做的事情，以确保获取成功。

畅所欲言的思考者。正如我在本书第二章"领导力精进"中提到的，你必须营造一个能让你的团队畅所欲言的环境。但是即使是在最开放的工作环境中，也会有一些人不愿意吐露他们的心声。有优势的员工是不会就此妥协的，他们会质疑你的决策并立即指出其中的问题。

不断奋进者。 拥有优势的员工永远不会得到真正的满足。自满是他们的敌人。他们总是在探索最佳的方式，从而不断提升你企业的整体发展战略。他们具有企业家的战略思维。

投资于人：雇用一生

如果你一开始就没有选择正确的员工，你便无法建立起伟大的团队。选择错误的人进入你的团队会让你损失惨重。你花在雇用团队成员上的资金叫作劳动力获取成本（简称 LAC）。你的 LAC 可以从数百美元到数千美元不等。人员的高流动率会产生巨大的成本，从而削弱你的企业 —— 就更不用说它所带来的其他成本了，比如错失良机、生产力和士气低下。

企业员工完成的每一项任务都会为你的公司带来收益。我们的目标是每个任务收益所产生的毛利润能返还公司。然而，由于过于频繁的人员流动，你的毛利润可能永远无法支付清 LAC 的金额。当你雇用员工时，就像是引债上身一样，你在赚钱之前必须得偿清债务（此时此地，就是指 LAC）。如果员工在债务还没有还清时就辞职或被解雇，你就会遭受损失。你的公司规模越大，这一成本叠加起来也就会越巨大。

有解决的办法吗？那就是招聘合适的员工，并给他们一个留下来的理由。激励他们努力工作，并为公司的愿景做出贡献。让员工满意度成为你衡量企业成功的重要因素之一。实现 1% 精进的公司招聘是为了公司长期的发展规划，而不仅仅是为了一个空缺的职位。他们想要的是一个能一直表现很好的员工。

我的表姐在高中时曾在福来鸡（Chick-fil-A）做兼职，她对自己的工作环境赞不绝口。该公司在保持一贯性和专注提供强大的客户服务方面做得相当出色。该公司雇用的是本身谦和有礼的人，而不是培训员工，让他们说"请"和"谢谢"这些能让他们变得友善有礼的话语。根据《国家餐厅新闻》的一份报告，该公司门店员工的流动率只有 5%，休闲餐厅的平均流动率为 44%。

四季酒店首席执行官伊萨多·夏普（Isadore Sharp）在他的书《四季酒店经营哲学》中写道："我可以教任何一个人成为一名服务员，但你无法改变一个人根深蒂固的糟糕态度。"

解决招聘难题

有一则关于在线招聘和招聘服务的广告，其中描述了人们抱怨在还没有使用该在线服务时，他们需要花大量时间筛选简历。

我不知道这个广告中提到的公司是否是一个好公司，但我知道招聘人才和引进合适的人是非常耗时的，而且最终结果还不总是尽如人意。如果你追踪一下企业的调查反馈，你就会明白缺乏优秀的候选人一直被认为是企业主遭遇的最大难题之一。

导致这个问题的原因很简单：时机。当你开始招聘一个空缺职位时，并不能保证此时正好有一个最佳的人才之选。

为了解决这个困境，你可以考虑改变你的招聘方式，将眼光放得更长远些：招聘人才，而不是招聘空缺职位。

如果你深入地了解你所处的行业或社区，你可能会很好地感知到谁是优秀或具有潜在才能的人。与这些人建立起联系，并尽力让他们加入你的团队，即使你并没有相应空缺职位。优秀公司的领导者们有时会为他们认为有助于推动公司发展的人设立职位。当你正在筹备企业发展时，这一点就显得尤为正确，因为要成功地实现企业发展计划，这需要积极性高、有才能并经验丰富的专业人士。

当这些人出现在了你的"雷达屏幕"上时，尊重他们以及他们所带来的东西。不要让充满官僚气息的人力资源体系使你错失一位优秀的团队成员。不要给一个颇有经验和理想的求职者设置许多不必要的障碍。

我提到了与顶尖人才建立关系的重要性。在招聘的过程中，你要努力维系甚至促进这种关系。确保这个人有机会开始与部门领导和未来的同事建立关系。

如果你正在和一位非常优秀的求职者共事，他又有意愿更换公司的话，你要意识到你很有可能并不是唯一一家对这个专业人士感兴趣的公司。如果在招聘过程中电话线意外断线，面试者都有可能会认为你已经对他失去了兴趣。

为什么人们会辞职

我们已经讨论过将优秀的人从前门请进来，但如果你想要雇用他们一生，那么你还必须防止他们从后门走出去。

当人们辞职时，他们最常引用的原因就是他们与管理层出现了问题，通常都是和他们的直属上司。不幸的是，许多领导者会认为，因为一个人在公司的一项工作中表现出色，那么这个人在监督或管理工作上同样也能有出色的表现。但这并不总是正确的。

你有没有注意到，棒球名人堂的球员在结束了其职业生涯后能当上教练的人又有几个？

同样的道理，如果你去看看那些进入名人堂的教练，你也很难在其中找到一名伟大的球员。托尼·拉鲁萨（Tony La Russa）是最近入选名人堂的教练。我追随他多年，因为他带领圣路易斯红雀队（St. Louis Cardinals）多次斩获冠军。

然而，作为一名大联盟的内野手，拉鲁萨一生的击球率却很一般：0.199。

优秀球员的问题在于他们无法与普通球员产生共鸣。他们期望每个人都能达到他们的标准。在你为你的企业选择经理时也会出现这个问题。另外，不同的商业情形对于管理优势的要求也是不同的。

让我们来看看以下一些品质，这些品质可以帮助你决定哪些员工在晋升为经理时会做得很好：

领导才能。所有的管理者都应该具备一些领导才能。但在某些情形中，它应该是经理要具备的最强大的技能之一。如果你的企业正面临转机，或者是正在开辟一个新的业务领域，又或者是企业某个部门正在遭遇困境，这时，你就需要一个强有力的领导。

组织才能。任何管理职位都需要良好的组织能力，有时这种组织能力甚至是至关重要的。如果你感觉到它的效率正在降低，那么你需要引进一个经理，他能于混乱中分清方向，让企业这台大机器平稳地运行。

控制能力。公司人员问题是否阻碍了公司的发展？领导力和组织能力是需要的，但保持控制的能力也是我们要强调的。为了保持控制力，你需要一个能与员工坦诚交谈而又不失其威信的人，这就引出了下一个品质。

好脾气。愤怒在管理中没有一席之地，尽管几乎每个人都会偶尔遭受到别人的怒火。有时候优秀的员工也是脾气暴躁的员工，他们也有很难控制自己情绪的时候。如果你打算提拔这样的人，在你采取行动之前，你要和他谈一谈他的脾气，并且确保他了解你的期望。同时，你也要准备好与你认为在管理方面同样做得很好的员工一起在这方面共同努力。

沟通技能。优秀的沟通技能是大多数优秀管理者的特征。如果你处在一个技术行业，那么你最好的员工可能就是技术精湛的技工。然而，这个人的沟通技能可能会很差劲（而且他还不愿意去提升）。不要仅仅因为他是一名非常有价值的员工就晋升你的这位"技术奇才"。

乐于传授。在小企业的发展曲线上，有时你想复制某些人的成就。如果你有一个优秀的员工，他天生就有教授别人的能力，那么这个人可以成为一个好的管理者。另一方面，有些人喜欢保留自己的专业知识，以维持自身的优势。你要小心这类人，即使他们在工作上很出色。

选择合适的人晋升既是一门科学，也是一门艺术。请记住以上这些品质，尽量避免在现实生活中所展现出来的彼得原理：将人们提升到他们无法胜任的职位。

当你拥有名人堂的员工时，你可以找到其他方法提升他们的职业生涯，而不用将他们拉入管理层。你可以给他们一些专门的项目和额外的职责，这可以拓展你企业的业务，也可以利用他们特殊的才能和能量。这将使他们长期地留在企业。

　　实现 1% 精进的公司建立的团队是领导者而不是管理者，是导师，而不是绩效评估人员。他们培养人们成就最好的自己，鼓励并让他们做好迎接挑战和担负起其他工作职责的准备。他们为团队成员提供了发展和成功的机会。

信任圈

　　在第二章"领导力精进"中，我谈到了领导力中信任、正直和真实性的重要性。既然我们讨论的是建立你的团队，那让我们讨论一下如何与你的团队成员建立重要的信任。

　　理所当然的是，如果员工在一个企业中感觉得到了真正的关心，那么他们会更加投入工作。他们与公司之间会存在一种情感的纽带，这也与他们感到被激励和授权相关。

　　在喜剧电影《拜见岳父大人》（*Meet the Parents*）中，罗伯特·德尼罗（Robert De Niro）饰演的角色告诉他的未来女婿［由本·斯蒂勒（Ben Stiller）饰演］，他的家庭存在一个信任圈，斯蒂勒不能打破这种信任。在电影中，德尼罗扮演了一个令人生畏的角色，但这的的确确突出强调了信任在任何关系中的重要性。组织学专家多年来强调，在充满高度信任感的企业组织中，员工的工作效率更高，在工作中更具活力，团队合作得更好，与雇主一起共事的时间也会更为长久。在 2016 年的全球首席执行官调查中，普华永道会计师事务所发现超过一半的首席执行官认为缺乏信任对于企业的发展是一大威胁。

信任有两个层面。除了你的团队信任你作为他们的领导者之外，你也必须要信任你的团队。真正的忠诚不是仅仅靠你告诉你的团队你信任他们而得以建立，需要用实际行动支撑。你的团队成员需要明白，当他们摔倒时，你会在他们的后面扶住他们。

在你的企业中构建信任

以下是一些为想要实现 1% 精进的企业构建双向信任的指导建议：

> 不要在你的价值理念上妥协让步。你为你的企业设置了一定的道德价值基准，那就不要降低你的这个道德价值基准。如果你如此做了，这就向你的团队发出了一

个明确的信号：他们可以投机取巧，而且不用担心自己的诚信问题。回到我所举的福来鸡的例子，由于企业老板的宗教信仰，这个餐厅会在星期日关门。圣路易斯的 Goedeker's Appliances 也是如此。在电视广告中，电器店的老板说他们每天的营业时间是从早上 10 点到下午 6 点，除了星期日，他们是不营业的。想想这些公司在星期日关门会错失多少商机，然而，这是他们的核心价值理念，在这一点上不能妥协。

不要做伪君子。信任是建立在一个人言行一致的关系上的。失去别人信任的最快方法就是说了一件事，转身却做的是另一件事情。

在招聘时看重价值观和性格。技能可能被高估，监狱里满是技术熟练的罪犯。技能可被传授。而当男人和女人成年时，他们的性格和价值观几乎是不可被传授的。每个企业都需要符合其核心价值观的员工，因为价值观驱动企业的决策。而不遵守公司价值观的员工最终会淡化公司的价值观。筛选那些与公司具有良好的文化契合度的员工尤为重要。美捷步首席执行官谢家华说过，如果有人未能很好地实践或者认同美捷步的价值观，无论他的工作表现如何，他都会被解雇。

做一名倾听者。你需要去倾听、理解员工们所说的话，然后才能很好地回应他们。不要在会议上谈论别人。倾听是你需要培养的一项技能。如果你的团队成员不与你讨论相关问题，这并不意味着他们不会去说，他们可能会当着你的顾客和客户的面谈论这件事情——这将有损于你的企业。空乘人员的这种行为是臭名昭著的。他们聚集在厨房里互相抱怨。挨着厨房很近的顾客可以听到他们的抱怨，但却享受不到他们应得的服务。

解决问题。如果你和一个员工之间出现了问题，或者两个员工之间出了问题，不要任其恶化，这只会让情况变得更糟糕。

不要耿耿于怀。这与上一点极其相似，但又略有一些不同。有时候，职场上所发生的事情只会让我们烦恼，坦率地说，有时候是我们的态度先让我们感到了生气。对于那些小的过错，就此放过吧，你要学会原谅并遗忘。我敢肯定，你偶尔也会无意中惹恼别人。

诚实但不伤人。当你需要和团队中的其他人解决一些问题时，你要确保你在谈及这个问题时有清晰的认知。

有很多方法可以让我们在不给别人带来额外痛苦的情况下做到坦诚相见。想想你能采取的最佳方式，不要过于草率地指责别人。

理解员工有他们自己的生活。我们都知道，工作和个人生活的界限已经模糊掉了。我们中的一些人已经适应了全天候工作的这种节奏，但千禧一代却不是如此。美国商会基金会（U.S. Chamber of Commerce Foundation）发布的一份报告指出，透明度、团结协作以及工作与生活的完美平衡不仅仅对千禧一代的舒适感至关重要，也是他们在职场取得成功的关键。我们很多人花在工作"家庭"上的时间和我们陪伴真正家人的时间一样多，甚至更多。因此信任是成功和获得满足感的关键。如果你始终如一地构建一种信任感以及相应的行为表现，那么你也会相应地获得员工的信任。

激励员工实现自己的伟大

你是否在激励你的团队成员展现出最好的自己？托马斯·爱迪生可以说是世界上最聪明的人之一，但他知道自己并非无所不知，所以他会给他的助手们茁壮成长的机会。他告诉他们他想要的是什么，然后鼓励他们自己想出一个解决方案。在某些情况下，他甚至拒绝帮助他们做实验。但是他明白，如果他选对了人，那么他们在一起就可以取得伟大的成就。

当你为你的团队挑选了合适的人，你只需要站到一边，让他们做各自的事情。你的企业将受益于这种创新和思维的多样性。

员工认可是最佳激励因子

员工们希望自己在薪资上能得到公平的对待，但在当今时代，金钱并不是唯一的激励因素。这就是为什么每年都会有"最佳工作场所"的排名竞选。就我个人而言，我知道很多人说，工作环境是他们愿意接受比其他地方薪酬更低的工作的原因。一个非常成功和创新的公司需要精神饱满的员工，这些员工知道努力工作（付出额外的努力），他们就会得到关注和奖励。我发现很多公司都是因为如此简单的一个心理因素而走向失败的。员工们觉得他们不断地给予，而管理层却认为这是理所当然的。"他们给出的薪水，让我无法忍受这一切！"

事实上，那些觉得自己被利用的员工对你企业的发展很不利。例如，配送到家的半成品净菜公司蓝围裙（Blue Apron）就经历了严重的职场问题，包括工人之间的暴力冲突。据《纽约邮报》报道，在 2016 年秋季，该公司新泽西工厂夜班期间发生了三起斗殴事件。BuzzFeed 报道了该公司西海岸工厂发生的暴力事件，加州职业安全与健康部报道发现具有安全隐患的工作环境，使得这家创业公司的员工面临骨折、化学烧伤等风险。有推测称，在蓝围裙的领导层控制住这个局势之前，该公司可能不得不推迟它的上市计划。

相反，百胜餐饮集团的使命是发展成为世界领先的餐饮品牌，而它的员工也是百分百地支持这一倡议。该公司对于那些取得卓越成就的员工形成了一个强有力的奖励制度，表彰那些取得显著成就的员工。前首席执行官大卫·诺瓦克（David Novak）在 MUFSO 会议（一个餐饮行业的高层领导者、创新者、专家和变革者汇聚一堂，各抒己见，聚焦于推动餐饮行业向前发展的活动。）上发表的主题演讲中说道："要想成就大业，你必须带上别人。你必须充分发挥你的人员的能力，以便为客户提供他们真正想要的服务。"

诺瓦克曾写过《带上团队一起：干大事业的唯一途径》（*Taking People with You: The Only Way to Make Big Things Happen*，一部基于他在百胜餐饮集团任职期间制订的原则而撰写的有关领导力的图书。），奖励制度是成功领导力里面不可或缺的一部分。他办公室的墙上挂满了来自各个阶层的团队成员的微笑照片。所有获奖者不仅获得了挂上自己照片的机会，还获得了一笔现金和一副塑料"微笑假齿"。这些都在说明他们做到了言行合一。

发现闪光点

你的团队中很可能就有这么一些具有潜在天赋的人存在。这些人才可以很容易地帮助你找到做企业的新方式。但是，受限于企业的规模，很难让他们展现出自己职能之外的能力。作为一个企业领袖，发现那些潜在的宝藏尤为重要，但你必须要去挖掘。然而，一旦这些特殊的才能被发现，如果你能将它们匹配到正确的职位，那么这将会是天作之合，你的公司会受益匪浅，员工也会表现得更为出色。

丹·考夫林（Dan Coughlin）是一名培训顾问，他与企业一起合作，帮助员工取得最佳表现。他说："那些能发现自身才华和热情，并将其用于推动企业发展的员工，通常会具有更佳的表现。雇主可以通过询问员工的优势和热情所在营造一个具有激励性的工作环境。"

总部位于波士顿的道富公司（State Street Corporation）采取了一种不同寻常的方式发掘潜在的人才：它举办了自己的 TED 活动。TED 是一个风靡全球的在线演讲，提供"由那些卓越的人带来的引人入胜的演讲"。所有的演讲都不超过 18 分钟，而且内容丰富精练。快速浏览一下 TED 的YouTube 频道，你就会发现它在线节目的浏览次数超过了10 亿次。

道富公司决定从自己的 3 万多名员工中挑选演讲者。提出这一想法的道富公司首席营销官汉娜·格罗夫（Hannah Grove）告诉《商业周刊》（*Businessweek*），道富公司的员工来自公司的不同地区和不同阶层。格罗夫提出这个想法是为了推广公司的品牌，同时也为了鼓励员工团结合作以及分享他们的想法。TED 的全球伙伴关系负责人隆达·卡内基（Ronda Carnegie）说："这会让你意识到公司是由人所组成的。"

在道富公司举办 TED 活动的那天，道富公司的美术设计师乔·科万（Joe Kowan）分享了一个关于他如何通过编一首愚蠢的歌曲克服舞台恐惧的故事。坐在最前排的是道富公司的首席执行官杰伊·胡利（Jay Hooley）。后来，科万说："我感受到了来自每个人全心全意的支持。这给了我们一个公平展现自己的机会，这是我始料未及的。"

为什么不去使用这种策略激发你企业的创造力呢？让你的团队成员就创新这个主题进行 18 分钟的演讲，并尽量保持各项参数的开放性。

你可以期待获得的好处有：

你的团队会懂得你是真正在致力于创新和独立思考。

你将在你的公司播下创新改革的种子。

你可能会发现你的一些员工拥有你以前没有注意到的才能和知识。

如果你认为你的企业规模不足以开展自己的 TED 活动，那么你可以利用 TED 的在线资源成就你的优势。你可以浏览一下那些最受欢迎的在线 TED 演讲，然后看看哪个演讲与你想要达到的目的最接近。偶尔在员工会议时抽出时间观看并讨论一个具有启发性或发人深思的 TED 演讲。

　　曾做过体育教练的培训顾问考夫林在他的商业训练方法中借鉴了一些运动场上的技巧。他建议和员工聚在一起。他说："关于员工背后的动力是什么，以及如何利用这些人才发展公司的问题，小型的会议可以为企业的领导人提供一些宝贵信息。"员工的户外活动也可以展现出他们的一些个性特征。你也可以营造一个能让个人展示其独特能力的环境，开展一个持久的对话，展现每个人不同的观点。

有目的的激励

　　创新的企业需要能量，而能量来自激情和目标。然而，大多数公司将时间耗费在关注利润、股东、市场份额等方面。员工们不会感到充满活力，因为他们不了解公司的目标是什么。为什么我们的存在并不是为了赚钱？人们想为比自己更为重要的事情做出贡献。他们希望自己的生活和工作是有意义的，他们为之服务的，是一个与他们至高的价值观保持一致的崇高目标。

几年前，我受雇于一家大品牌，在这个品牌为中小企业设立的新门户网站上工作。内部营销团队被分配的任务是将产品销售给这个细分市场，并迅速提高其参与度。在没有理解他们为客户提供的真正价值是什么时，他们提出了这么一项全新方案，并尽最大努力向市场推销它。

我立刻明白，这只是一种受命工作的下意识反应，他们并没有真正考虑到客户。在我看来，门户网站对忙碌的企业领导者并没有什么实际好处，事实上，它似乎制造了更多的混乱并带来了更多的工作量。然而，营销团队却在努力地迫使客户加入其中。

最终结果惨淡，团队成员灰心丧气，我最后问了他们一个问题："你们发布新产品背后的目的是什么？"他们磕磕绊绊地说了一些套话，但最后他们承认了，他们起初并不知道为什么顾客需要这个产品。这就像是把一个方钉塞进一个圆洞一般荒谬。

将这一反应与西南航空的雇员反应比较一番，那里的员工通常看起来都很开心。他们乐于助人，微笑服务顾客。为什么呢？因为他们知道自己这样做的目的所在：

我们的存在是为了通过友好、可靠和实惠的空中旅行，将人们与他们生活中重要的东西联系起来。

——西南航空公司的使命宣言

西南航空首席执行官加里·凯利（Gary Kelly）说："西南航空是一个工作的好地方，它能给我们带来最大的快乐，因为我们有如此有意义的使命。"

无论你所带领的是一家小公司还是一家大公司，你的团队都需要成为一个传道者。这意味着你需要得到他们的认可，为了做到这一点，他们必须了解公司决策背后的"为什么"。目标能够调动人们的积极性，而这是单单追求利润永远也无法达到的。"这就是产品，现在去卖掉它。"这并不会让你的团队斗志昂扬。当员工们知道他们做某件事情的原因（而不是为公司赚钱）以及它要实现的市场目标时，这便会激发员工们的热情。它不再是一项完成销售额的任务，而是一种为市场服务的能力表现。我们都明白，当你真正地信任你的产品时，你是不需要刻意地卖任何东西的。

你的公司使命宣言便是企业发展的长远目标的体现。但是每一个新的方案也必须有一个目标，而且它的目标必须与你宣扬的使命保持一致。

设计或者默认一种文化

　　企业领导者了解公司文化。这个流行语并没什么新鲜可言。你可以去建设企业文化，也可以是默认一种企业文化。不幸的是，太多公司都落入了一种默认文化的模式中。很少有企业能真正了解构建强大企业文化的过程。企业文化不是提供炫酷的午休室或免费饮料和零食，那些东西都只是装饰品。当领导风格与公司宣扬的价值观相冲突时，这些装饰的文化玫瑰之花很快便会凋落。

　　企业文化渗透到整个组织中，并随着符合这种文化的员工的加入而得到强化。根据《2016 年就业市场报告》，只有十分之三的受访者觉得他们建立起了这种根本的文化联系。当你的员工感到与企业文化不合拍时，他们就会变得心不在焉、难过、烦躁不安、效率低下。员工的流失率就会很高。事实上，有资料显示 63% 的员工正在计划换一份工作。当你的团队成员就像一扇旋转门一样应接不暇时，你如何能够做到创新和保持敏捷？你无法做到。

拥有 1% 精进的公司具有强大的文化。它代表着某种东西。人们想要在这里工作，公司目前的团队成员会招募他们的朋友加入他们。然而，企业往往只关注损益报告表和股东利益，而完全忽视了企业的文化。赚钱不能成为一个目标，亦非驱使人前进的动力，为市场创造价值才是。

爱彼迎首席执行官兼联合创始人布莱恩·切斯基（Brian Chesky）给他的团队写了一份备忘录，阐述了保持公司文化的重要性。在股权投资者彼得·蒂尔（Peter Thiel）向这家公司投了 1.5 亿美元的 C 轮融资后，蒂尔说："别把公司的文化搞砸了。"这句话让切斯基停下来思考：他怎样才能确保公司做好这一点呢？

然后他意识到，"文化就是一种大家共同带着热情做事情的方式"。他继续解释道，公司会在未来几年不断发展变化，但有一点应该保持不变，那就是企业的文化。他说道："文化，为未来所有的创新奠定了基础。如果你打破了文化，你就破坏了打造企业产品的机器。"

有了正确的文化和合适的团队，你的公司才可以做到"人心齐，泰山移"。你可以解决问题并找到创造性的解决方案。

让你的团队充满创造力

一旦你的团队中出现了合适的人员，你就会想要给他们一个获得成功的最佳时机。这意味着他们需要时间去思考。正如我在第一章中所说的，1% 精进流程的第一步是用心思考。思考的时间对于创新至关重要。如果你手头上的事情太多，就不会有产生创新想法的空间。

Intuit 将员工 10% 的工作时间设定为非结构化时间。法律部门出台了一系列政策，可以让产品经理在不需要与公司律师协调的情况下试行一些新的企业理念。IT 部门为新网站产品建立测试环境所耗费的时间从两个月缩短到了两个小时。

为了激发员工的工作效率，谷歌提供了 20% 的自由时间福利。这一项规定促生了公司一些最具创新性的产品，包括 Gmail 和谷歌 Suggest。

展现企业家精神

无论公司的规模大小，一个培养创业精神的公司都将走在创新的前沿。当企业家精神的火花被熄灭时，企业便会停滞不前。

　　随着企业的发展，要去创造企业家精神或内部企业家精神并不是一件容易的事情，但这所带来的好处是显而易见的。这样的一种精神氛围并不是凭空产生的。企业领导者必须下定决心，并采取行动确保其实现。

　　一个很好的方法就是雇用那些渴望成为企业家的人，让他们感觉像是你的合作伙伴，而不是员工。当人们拥有自主权时，他们会对结果和成就更加负有责任感。

　　谷歌组织整个公司支持和培养那些未经筹划的创业和创新想法。这一点要实现，主要是通过它的 20% 自由时间政策、开放的发展环境、扁平的组织结构以及对成功创新的认可和奖励。这种创业环境所产生的结果便是让公司的生产力和创新能力都得到了提升。

　　3M 公司长期以来给予其工程师使用其 15% 的时间致力于任何想到的点子的自由。无论你何时使用这种"便利贴"，你都是在享受这种管理哲学所结下的硕果。

1% 的精进

The One-Percent Edge: Small Changes
That Guarantee Relevance and Build
Sustainable Success

第六章　营销精进

不要一味追逐每一股新的时尚风潮，你需要关注与消费者建立一种持续的情感联系。如果你代表不了某种东西，那么你便会陷入迷惑。

　　　　　　　　　　　——凯文·罗伯茨（Kevin Roberts）

现在是时候运用 1% 精进流程确保你的营销信息与你的客户与时俱进。要做到这一点，你需要离开你的办公室去到你的客户和客户所在的地方。你不必亲自到那里，这种出现可以是一种虚拟的出场。但你的的确确需要倾听你的客户在说些什么，什么类型的信息会与他们产生共鸣。你怎样才能从纷繁的竞争对手中脱颖而出争取到这些客户呢？

我们如何才能突破这些杂乱的信息？

我们如何才能与客户真正建立联系？

我们的营销信息是否能与我们的目标客户产生共鸣？

我们如何创造一种一体化的体验？

我们如何让人们成为我们的终身顾客？

我们是如何让世界变得更美好的？

我们相信的是什么？我们代表的是什么？我们的品

牌承诺是什么？

我们的价值主张是什么？有交流我们价值主张的更好的方式吗？

顾客如何能成为我们公司的品牌宣传者？

我们是否倾听客户的声音，以此了解客户的需求？

我们的品牌做出的承诺和我们实际传递给客户的是否存在差异？

通过市场和销售策略的变化来推动增长的机会有哪些？

思考和反省

公司犯的一个大的错误就是猜测什么对他们的目标市场是有效的，什么是无效的。你可能认为你了解你的客户，但事实上，你只是了解昨天的他们。而且你可能会惊讶于他们对你公司的真实想法。

品牌承诺

你的品牌的基础就是你的目标 —— 你进入市场的原因。

这并不是说你做的是什么，而是你向市场承诺了什么。这是你的价值主张，这个信息是通过你的营销战略的执行传达的。你想要与你的市场建立起情感的联系。

就像我们认为自己做出了合乎逻辑的决定一样，我们在很大程度上是被我们的情感所驱动的。临床心理学家和精神分析学家玛丽·拉米亚（Mary Lamia）博士在《今日心理学》上发表了一篇文章，名为"不管你喜不喜欢，情绪将影响你今天的决定"（Like It or Not, Emotions Will Drive the Decisions You Make Today）。

这就是为什么我们花这么多时间强调与潜在客户、客户建立关系的重要性。这并不是说逻辑和理智在做出购买决定中不起作用，而是说商业关系要蓬勃发展，就必须要有情感的触发或情感基础。

我还认为，这些情感联系会在未来几年变得更加重要。例如，千禧一代通常更喜欢的是一种体验而不是事物本身。你有没有看过 HGTV 上的《小房子》节目？《小房子猎人》《小房子生活》等都是关于建造、购买和居住在小房子里的人的故事。他们几乎都是千禧一代，他们选择小房子的主要原因是，他们宁愿把钱投资在旅行等体验上，也不愿去买一个更大的房子。

如果你不能建立起这些体验和情感上的联系，你会发现你的公司一直处在业务竞争的境地，并时刻遭受到竞争的威胁。

为了让你与你的市场保持相关性，你的客户需要了解你所提供的价值，以及他们如何从中受益。你的品牌需要以一种个人的以及密切的方式接触你的客户。如果你将你的企业当作一种有利可图的业务，那么你的企业就差不多是一件商品了。

许多公司把他们的品牌承诺做成宣传标语。以下是我最喜欢的一些。

宝马："终极座驾"。

苹果："非同凡想"。尽管这句话在语法上是否正确还存在争议，但它传达了这样一个事实，即苹果的产品不是千篇一律的。

Geico："15 分钟可以为你节省 15% 或更多的汽车保险"。这个简单的理念让 Geico 荣登这个行业的顶峰。当然，它的商标上可爱的小壁虎也让人记忆犹新。

你的品牌承诺应该传达出你所要代表的东西，并且你应该确保你能够实现它。盖洛普的研究发现，品牌只有一半的时间兑现了他们自己的品牌承诺。然而，盖洛普数据库中表现最好的公司，据他们的客户所说，这些公司有 75% 的时间兑现了他们的品牌承诺。这些公司拥有更高的客户参与度，这使得他们能够在市场份额、利益率、收益和市场开拓方面超过其竞争对手。

你竞争的是市场上的关注度。一旦你获得了客户的关注，你就必须证明你值得他们对你保持关注。

建立一个强大的品牌的关键是关注你的客户。他们比以往任何时候都更加见多识广，更挑剔，不那么忠诚，也更难解读。

不管你是什么企业，人们不会只根据事实做出决定，他们也会基于情感和感觉。但大多数顾客（实际上是 62% 的顾客）并不会如此认为或者这样去做。他们是冷漠的或者会让自己主动抽离出来，这意味着他们愿意更换品牌。那些能够做出强有力的品牌承诺并且能够始终如一地兑现这些承诺的公司，它们有其合理的时机抓住这些客户，并占取更大的市场份额。

为了与时俱进并取得成功，品牌必须与客户建立联系并吸引他们，发掘他们的情感。你想要人们信任你的品牌，对它有好感。你希望你的客户和顾客对你产生强烈的忠诚感，你想让他们爱上你的品牌，那么方法如下：

传达出你要表达的东西。

不断创新，努力提高。

提供一流和便捷的服务。

永远做到真诚和勇于承担责任。

任何时候都要维护自己的声誉和保持正直。

理解价值主张的重要性。

向顾客传达你的独特性。

授权员工跟进服务工作。

苹果是一个拥有极其忠诚用户的品牌。即使苹果公司搞砸了，它的客户也会原谅它。为什么呢？因为它做到了许多品牌无法做到的——与顾客建立情感联系。这就是人们会在苹果专卖店外排队购买最新苹果产品的原因。想想看：在经济大衰退最严重时，购物中心几乎空无一人，苹果专卖店却大排长龙，他们买的可不是什么小物件儿。人们喜欢这个品牌，他们愿意为它的感知价值花更高的价钱。

星巴克也是如此。在纽约市，几乎每个街区都有一家星巴克，尽管其他品牌的咖啡和星巴克一样好，甚至比它更好，而且价格更低，但星巴克通常都挤满了顾客。［就我个人而言，我是唐恩都乐（Dunkin'Donuts）的粉丝。］在 2007 年消费者报告进行的一项口味盲测中，麦当劳的咖啡击败了星巴克和唐恩都乐。星巴克的粉丝不疯狂但是狂热。事实上，星巴克和苹果都创造了近乎狂热的追随者。这不仅仅是因为产品，而是整体的体验和一种社群意识。

当你将你的产品区分开来，并了解它是如何与你的客户交流的，你就是在建立一种感知价值。顾客会为他们所看重的东西花费更高的价钱。

兑现品牌承诺的差距

如果一个好的品牌是一种承诺，那么一个伟大的品牌就是信守承诺。

——穆泰康（Muhtar Kent），可口可乐公司总裁阐明你的品牌承诺只是这个过程的第一步。你的公司需要始终如一地兑现这一承诺。这意味着你企业中的每一个人都必须参与进来，并清楚理解未能兑现品牌承诺会让客户感到多么沮丧，并对你的企业产生不良的影响。盖洛普的调查显示，只有 27% 的员工会强烈地赞同他们一直都在兑现对顾客的承诺。

贝恩管理咨询公司的一项研究发现，80% 的企业领导者认为他们的公司提供了更好的一些提议。然而，只有 8% 的顾客对此持相同观点。为了实现 1% 精进，你必须对你的公司做一细节到位的说明，以确定你的客户是否理解、相信和信任你的品牌承诺。不要对此做出任何的假设。正如我之前提到的，你可能认为你了解你的客户，但事实可能恰恰相反。

通常情况下，由市场营销部门和代理机构构建品牌承诺，然后将其整合到灵活的营销活动中。然而，大多数公司承认，在做出市场运营决策时，他们并没有考虑到品牌的承诺。这就是造成兑现品牌承诺差距的罪魁祸首。

想想睿侠的品牌承诺："你有问题，我们就有解决方案。"你可能还记得在本书的引言部分提到过，睿侠为了追求收益和时尚而放弃了核心客户。因此，当该公司发布这一品牌承诺时，门店店员并不具备提供服务的能力。

与之形成鲜明对比的是，Ace Hardware 的品牌承诺：
"成为地球上最有帮助性的五金店。"从运营的角度来看，
Ace 确保门店员工都受到了良好的培训，以便履行这一承诺。
仅仅去谈论你的品牌承诺是不够的，你必须在实际的运营中
支撑它。

"品牌承诺对于一个公司和它的客户来说实际上是同一个
目标。"Ace Hardware 公司的市场、销售规划以及销售执
行副总裁约翰·苏拉内（John Surane）说，"这是品牌与消
费者签订的一份合同，这份合同涉及消费者在与品牌互动时
能够期待获得什么样的体验。"

当我在为企业家讲授一门关于发展战略的 MBA 课程时，
我的朋友、客服专家，也是畅销书作家谢普·海肯同意和我
的学生们进行交流。谢普最近出版了他的新书《让每一位客
户都大吃一惊》（*Amaze Every Customer Every Time*），书中
他也提及了 Ace Hardware 兑现品牌承诺的能力。后来我的
一个学生讲了一个故事，讲的是有一天晚上他和几个朋友去
Ace Hardware 购买制作导流水管的材料。一位在商店工作
的老妇人主动提供帮助，他们告诉她他们想要的东西，但是

他们认为她根本帮不上什么忙。但恰恰相反的是，她带着他们在店里四处寻找，帮助他们取到他们需要的所有东西，兑现了这个品牌的承诺。

记住，你可以提供世界上最好的产品 / 服务，但是如果你的客户因为你的失信而不这么认为或者不去相信你的话，那么你的公司就会遭殃。

客户的心声

> 你的客户并不忠诚。残酷的事实是，75% 的客户会乐意与你的竞争对手做生意，因为你的公司未能建立起能够培养客户忠诚和拥护的情感联系。
>
> ——领导力专家比尔·霍格（Bill Hogg）

这就是为什么你需要确保你有一个可靠的倾听客户心声的方法。

CMO.com 发布的一项研究显示，95% 的公司表示他们经常倾听客户的意见。在这些公司中，84% 的公司会经常向客户询问他们的反馈，而 11% 的公司只是偶尔会这样做。然而，尽管公司广泛收集了客户的反馈，却只有 29% 的公司有客户之声（VoC）项目，能系统地将客户需求意见纳入他们的决策过程中。并且近四分之三的人认为他们的 VoC 项目在落地方面并不高效。如果你不对数据进行分析和利用，那么数据还有什么用处呢？当客户花时间提供反馈而不见有任何行动时，这就会破坏你与顾客之间的关系，你的客户以后就不会那么信任你了。

让我回过头来解释一下什么是 VoC 项目。以下是来自六西格玛字典的定义：

"客户之声"是一个用来获取客户（内部或外部）的需求／反馈的过程，以便为客户提供一流的服务／产品质量。这个过程就是需要你积极主动并且不断创新，以获取客户不断变化的需求。

没有人能在不听取客户意见的情况下成为行业的领导者。当你在当今的市场上竞逐时，你竞争的场所就是客户体验，奖励就是得到客户的忠心。阿伯丁集团（Aberdeen Group）的一份报告"建立一流的客户之声项目的商业价值"（The Business Value of Building a Best-in Class VoC Program）发现，拥有强大 VoC 项目的公司享有 55%

的客户保留率。这和你的公司相比如何呢？

Intuit 在其网站上有一个"我们想听听您的意见"的页面。这家软件巨头希望客户提供反馈，这样它就可以改进其产品。该公司会在你所处的位置派遣一名代表，这样你可以在有 Intuit 的地方与某个人面对面交谈，或者你可以远程讨论你的想法。为了鼓励这种反馈，Intuit 向客户提供 75 美元至 150 美元的 Visa 礼品卡或 Intuit 软件，以感谢他们花时间帮助该公司提升产品质量。

开发 VoC 项目，你的企业并不需要有多大规模。但是，每个希望成功的企业，都需要对该项目做出承诺，以及一个确保该项目得以施行的拥护者。

有一些方法可以让你更有效地跟进你的客户行为和需求，这样你就可以创造出更加个性化的顾客体验。此外，你还可以对顾客未来的行为趋势做出更好的预测。我将在第七章《流程精进》中更深入地讨论这背后的技巧。但现在，我只想说，通过社交媒体分析、客户关系管理软件和网站流量的分析方式，这些数据收集对于你来说唾手可得。把它看作你自己的大数据，因为这可以为你的企业做一些事情。

当你在组织营销活动和搜索与顾客相关的信息时，你应该首先考虑客户的心声。直销集团（Direct Line Group）营销总监马克·埃文斯（Mark Evans）说，营销人员和首席营销官的职责是"代表企业中的客户需求，并将其转化为商机"。他说："要做到这一点，你需要找出消费者想要的是什么，要求你的企业提供这些需求，然后告诉你的消费者，他们可以拥有这些。"

社会化倾听

在第三章"客户精进"中，我讨论了使用社交媒体发现以及解决客户问题的重要性。但同时，社交媒体也可以帮助我们更好地了解市场对我们的公司、产品和服务的看法。通过监测社交媒体平台，你可以从客户的感觉衡量你是否兑现了你的品牌承诺，你还可以确定你传递的营销信息是否与你的受众产生了共鸣。

你的客户的痛点是什么？他们喜欢你的产品或服务的哪一点？你所在的行业的人们都在谈论些什么？关于你的竞争对手，顾客们都在说些什么？所有这些问题都可以通过社会化媒体倾听找到答案。

以下是你应该关注的一些东西：

你自己的品牌名称（包括错误拼写）

你的竞争对手（同样，包括错误拼写）

行业术语

品牌口号

你的首席执行官或公众代表的名字（以及错误拼写）

活动名称或者关键词

社会化倾听也可以是营销人员为顾客提供意想不到的积极客户体验的绝佳方式。举一个例子，我的一个朋友去了加州的一个葡萄酒之乡度周末。她在推特上说，她迫不及待地想要去酒店享受一次水疗服务。该酒店的社交媒体经理立即回复了她，给她提前安排好了水疗服务。她被震撼到了。

几年前，史泰博（Staples）公司进行了一项有趣的调查，小企业们被问及以下哪一项对他们来说更重要：200万个脸谱网点赞，200万推特粉丝，一个超级碗（Super Bowl）广告，还是碧昂丝的代言协议。脸谱网点赞是他们的首选。该研究还显示，消费者的参与是 50% 的小企业主使用社交媒体的主要原因。

正确的营销信息：了解市场心态

人们希望与自己感兴趣的品牌做生意。对于品牌来说，这意味着在与顾客沟通时，他们需要一种能让消费者"听到"他们的营销信息并理解他们产品价值的方式。

我相信你们很熟悉 Febreze：去味除菌喷雾。你可能在电视广告上看到过这样的场景：一个肮脏不堪、气味难闻的房间被喷上 Febreze 后，一些被蒙上眼睛，毫无戒备的人会被领进房间。当被问及他们闻到了什么时，他们说闻到的是热带的微风或花朵。当眼罩被摘下时，他们都震惊到了。

然而，对于在 20 世纪 90 年代中期推出的这个品牌来说，并不是所有的事情都是如此轻而易举。在推出该产品时，该公司购买了电视广告，宣传该产品是如何消除异味的。有人会在他们的衣服和家具上喷洒这个喷雾去除宠物和香烟的气味。宝洁公司原以为它会取得巨大的成功，但结果却是遭遇了一次巨大的失败。显然，那些潜在的客户并不情愿认为他们需要这个产品，因为这就意味着他们承认自己的房子发臭了。

所以，宝洁公司重新开始考虑是否能找到一种方法让人们去购买 Febreze。在采访（和倾听）了顾客的想法之后，营销团队意识到，它需要把产品作为大扫除结束时所使用的东西推销——只是一个额外使用的小东西。他们在产品中添加了更多的香水成分，让它具有一种独特的味道，然后他们重新做了广告。这个广告暗示喷洒 Febreze 是一项令人愉快的收尾工作，而不是提醒你的家有臭味。这之后，它的销量一路飙升。

为了构建口碑，你需要品牌大使

口碑一直是人们获取业务的最佳方式之一。因为我最近在佛罗里达有了一个新家，所以我经常向朋友和邻居询问关于家庭服务类型方面的建议。他们当中有电工、园林设计师、管家等。我觉得依靠他们的经验比我自己单枪匹马寻找资源要更加自如一些。并不是我一个人如此。84% 的消费者表示，他们完全或多少信任来自家人、同事和朋友对产品和服务方面的推荐，这使得这些推荐成为最值得信赖的信息来源。

在 B2B 领域也是这样的：91% 的 B2B 买家在做出购买决定时会受到口碑的影响。

由于社交平台的发展，在未来，口碑的重要性只会越来越大。你的客户和顾客将你的业务散播给世界上成千上万的人会是件很容易的事情。为了与时俱进，你的企业需要像激光一样专注于这个领域。只要口碑是真实的，实际客户的推荐、评论和建议比你对公司的任何评价都要更加有说服力。你可以鼓励人们与他们身边的人分享，但不要教他们如何去说。

例如，如果我写了一篇由某个品牌赞助的博客文章，那么我就必须在文章本身透露出这个信息。并且如果我通过社交媒体发布这些内容的链接的话，那么我必须将我的内容标识为"#sponsored"或"#ad"。

试想一下你想让你的客户如何评价你的公司。在一个理想的世界里，你希望他们分享些什么体验？有了这个想法，你要确保制订出相应的营销信息和策略。当然，你要确保你能做得到。

来自社交媒体和评论网站的口碑可以吸引业务，同样，它也可以赶跑业务。有时候会有不高兴的客户利用公共平台发泄他们的不满。就我个人而言，如果我看到了一篇离谱的刻薄评论，那么我就会忽略它，把它当作做出这个评论的人今天心情低落而已。但是太多的负面评论会损害你的品牌，影响它的成长力。

这就是为什么你对不同层次的口碑的关注是建立一个拥有 1% 精进的公司不可或缺的一部分的原因。对线上和线下反馈的监管可以让你了解公司的哪些策略是有效的，哪些是无效的。如果你的脸谱网页面上出现了一条不好的评论，那么请立即处理它。

有趣的是，有些品牌在这方面做得很好，有些则不然。我在巴亚尔塔港（Puerto Vallarta）预订了一间钟点房，在这个过程中我的体验很糟糕。出于无奈，我在该公司的脸谱网页面上发表了一篇冗长的评论。不到 10 分钟，客服就打电话给我，试图解决这个问题。这种迅速的回应兑现了对客户的承诺，并在顾客心中建立了信心。

抓住互联网时代的口碑

依靠口碑打广告有点像在赌博。你自己这边可以做任何正确的事情，但是你不能强迫别人传播那些关于你的企业的好口碑。然而，这并不意味着你无力利用人们对你的积极评价和看法，你可以利用这些积极评价创建企业的社会认同。

社会认同本质上就是被放入互联网时代的客户证词。在公司的主页上应该有一个显眼的位置，在那里你可以引用客户关于你的产品或服务的一些好评。研究表明，这些区域属于网页中被浏览得最多的一些部分。

一定要涵盖给你公司写好评的人的详细信息。当然，要征得她的同意，并使用她的全名和其他重要的身份信息。如果你的公司是企业对企业业务，那就写上这个人所代表的公司的名字。如果你是企业对消费者业务，那么你要确保让读者确切地知道这个人使用的是你们公司的什么产品或服务。

附上大头照也是一个好主意，这会让这些人对于浏览你网站的人来说显得更加真实可靠。

此外，你可能也会想去创建一个评价的视频。如今，视频正成为许多网站访问者的首选媒介，并且，我相信这一趋势将不断上升。

要想取得网站上的社会认同，你有很多方式可以尝试。其中最简单的一种方法就是直接向你的客户求取他们对你的评价。你知道谁是你最好和最满意的顾客，你可以问问他们是否能对你的公司说几句好话，务必要让他们感到轻松自在。如果他们没有时间想写些什么，那你就为他们写一些东西，然后提交给他们编辑或者得到他们的批准发布。

如果有关于你的产品或服务的在线评论的话 —— 无论是在你的网站上还是在评论网站上 —— 你都可以从中引用一些相关的评论。因为评论者们已经公开发表了他们的评论。但是你要保证评论的简短性，并注明你引用这些评论的出处。

对于所有的这些方法，诚实是至关重要的。对评论进行补偿是不道德的行为，并且可能会给你带来法律上的问题。如果你以任何方式补偿了某人，那么这个事实必须在你使用客户证词的同一地方被清楚地陈述出来。如果 Widget Inc. 给一个潜在的客户提供了一个免费的 Widget 小组件供其试用，然后再让他对其进行评论，那么这就需要特别说明这种情况。

新的营销平台：比传统方法更具影响力

传统的传播媒介或许还没有消亡，但它们对购买决策的影响力正在减弱。如今的公司在营销活动上需要像在企业的其他方面一样具备创新性。

几年前，当弗洛伊德·梅威瑟（Floyd Mayweather）在拉斯维加斯与曼尼·帕奎奥（Manny Pacquiao）比赛时，这个付费观看的活动是免费播放广告的，但这并没有阻止汉堡王（Burger King）找到一个独特的机会，在 440 万观众面前亮相。汉堡王身穿长袍的吉祥物国王（King）走进了梅威瑟旁边的赛场。专家估计，汉堡王为求得这个机会向梅威瑟支付了大约 100 万美元的报酬。诸如此类的创新营销已经转化为更高的餐厅销售额。

美国西北大学凯洛格商学院营销学教授蒂姆·卡尔金斯解释说："汉堡王确实找到了一种方法，通过做一些出人意料，甚至有些不相关的事情吸引人们的注意。他们以非常低廉的成本创造了大量的曝光机会。"对于中小型企业来说，好消息就是非传统营销活动比传统的方法更便宜，但它们实际上也会更有效。

制订适宜的内容

当我经营一家基于视频的互联网公司时，我们走在了潮流的前面，但是我们意识到，网络内容才是王道。如今，如果品牌没有抓住机会搭上这辆"便车"进入市场的话，它们就真的一败涂地了。Content Marketing Institute 的数据显示，88% 的 B2B 营销人员会使用内容营销，并将 28% 的营销预算分配给了内容营销。而在面向消费者的市场营销人员中，这两个数字分别为 76% 和 32%。

能有效使用内容营销的品牌都会有一个书面的战略，有一个评估营销活动成功与否的方法，并会定期开会审查。发布内容的平台有很多。一个精心编制的内容项目无疑会为你的企业创造优势。这也应该是你的营销组合中不可分割的一部分。

通过制作真正能连接和吸引你的顾客的内容，让你自己脱颖而出。开始你自己的营销活动，首先要确定你想要达到的目标。你是否在试图吸引更多的网站访问者？你是否在尝试建立你的社区或者数据库？你是否在努力创造更多的品牌知名度？

接下来，设身处地为客户着想。什么样的内容是他们感兴趣的以及对他们是有帮助的？他们上网的时间都花在哪里？他们是如何消费大部分的网上内容的？你要记住，每个人都有自己偏好的信息消费方式。我们中的一些人喜欢阅读，其他人则更喜欢图片和视频等视觉效果，你的一些客户也可能对音频播客更感兴趣。在开始活动之前，你应该对他们的这些偏好有所了解。

清点你已经制作好的内容。一段内容我从来不会只使用一次。这是我的准则。如果你的公司有博客的话，你可以将这些内容转变成播客或视频，然后将它们分享在网页上。联系你所处市场上具有影响力的人并与他们建立关系。然后看看他们是否开始分享你的内容。另外，你也可以在其他网站上寻找访客发帖的机会。

使用分析工具确定什么是有效的，什么是无效的。谷歌分析以及社交媒体平台上可获得的见解可以很好地告诉你哪些内容可以与你的受众产生共鸣。

创建一个带有 YouTube 品牌频道的媒体之家。利用这个渠道展示你的产品，提供说明，阐释它的好处，并突显客户特征。

几年前，我和 AT&T 合作过一个项目，叫作"三点灵感迸发"（3:00 Inspiration Break）。我们制作了关于企业所有者和他们成功秘诀的小短片。你仍然可以在 YouTube 上找到它们。这个小程序的目的在于给企业主提供一个午后放松机会和一些灵感。AT&T 并没有销售其产品或服务，但其内容与它重要的细分市场产生了共鸣。

利用一切机会推广你的内容。把你的社交媒体和内容渠道的链接附在你的网站、时事通信以及你的电子邮件签名中。

越来越多的品牌正在创建自己的内容渠道，以此与消费者互动，并了解他们最新的需求。例如，Farmers Insurance 就有一个专门的领域帮助客户了解与各种主题相关的概念，包括身份窃取以及如何维护房子和汽车。通过这样的做法，Farmers 将自己设立为一个值得信赖的专家信息资源库，从而建立起自己的信誉和顾客的信任。

和 Farmers 一样，AT&T 也创建了 Business Circle 网站，专门为中小型企业提供实时的专题博客、讨论和解决方案。该网站的访问者可以学到一切相关的东西，包括制订商业计划的技巧以及获取关于搜索引擎优化策略、网络安全和脸谱网营销技巧的建议。

你不需要成为一个大品牌才能在内容营销方面出类拔萃，并为你的企业建立优势。事实上，许多名不见经传的品牌通过内容开发而大获成功的案例数不胜数。你可能听说过 GoPro，一款高清画质、防水的视频录制设备。当该公司的顾客开始在 YouTube 上传视频内容并在视频标题使用"GoPro"时，该产品的制造商在 2013 年引起了轰动，这一疯狂的举动让 GoPro 名噪一时。截至 2014 年，该公司在脸谱网上有 720 万个"赞"，在 Instagram 上有 200 万粉丝，在推特上有 95 万的粉丝。但与 YouTube 上的 4.5 亿点击量和 180 万订阅量相比，这根本不算什么。根本原因在于，GoPro 成功地将自己转变成了一家独立的媒体公司。

用强有力的内容为你的企业创造优势。创建人们想要去分享的独特内容。讲一个能让人们产生共鸣的故事，一个能让他们置身其中的叙事。然后在所有能够接触到你的客户和潜在客户的平台上分享你的内容。

品牌人性化：讲述故事

人们喜欢听故事。如果你想构建品牌的人性化并与你的客户建立联系，那么你的品牌营销就应该包含讲故事。讲故事可以给你的品牌带来生命力，让它不仅仅是一个实体的机构，并且一个娓娓道来的故事可以帮助你的客户想象体验到你的产品或服务所带来的好处，也就是让他们发出"啊！"的惊讶时刻。

要创作出一个有效的故事，你需要知道客户购买东西背后的刺激因素是什么——而且你也需要知道他们购买的是什么。看看熊宝宝工作坊（Build-a-Bear Workshop）的电视广告。它讲述了一位父亲和女儿在一家商店享受假期的故事。这个故事牵动着你的心弦，让你想和你生命中某个特别的小家伙去那里。这样的故事会促使人们采取行动。（稍后会有更多关于熊宝宝工作坊的内容。）

另一个讲故事讲得比较好的例子，是史蒂夫·乔布斯介绍第一代 iPhone 的方式。如果你还没有看过他的演讲，那么你值得花时间去 YouTube 上看看。他所创造的故事让观众们坐在椅子边上，对即将发生的事情充满了悬念。乔布斯让所有人耐心等待，直到他最终发布了那款将改变世界的手机。苹果公司继续在讲述它们的故事，分享着它的客户在使用他们的产品时是怎样的。

爱彼迎同样也是利用故事打造自己的品牌，吸引它的顾客的。爱彼迎网站上的内容主要讲述的是客户的故事，这些故事展示了顾客，这些真实的人是如何体验爱彼迎的服务的。

我个人很喜欢其中的一个关于奥斯卡和安娜贝尔父女俩的故事，旅行开拓了安娜贝尔的视野，而且这也是父女俩可以在一起分享经验的好方法。在这个忙碌嘈杂的世界里，谁不想闭上眼睛，梦想着和家人或朋友一起享受一场经济实惠的度假时光呢？

一失足成千古恨

如果你在商界工作过一段时间，那么你一定参加过这样的会议：有人会急于提出一个关于促销、竞争或营销活动的想法，以此提高销售额。这在当时听起来不错，并且会议做出了继续跟进的决定。然而，如果你的品牌与你的核心用户不能保持一致的话，那么你的好创意可能会遭遇滑铁卢。

例如，2010 年，盖璞推出了一个新的标识，以吸引更时尚的客户人群。我曾参与过公司重塑品牌的活动，所以我能想象到这家公司对于这个理念投入了多少的时间和金钱。然而，盖璞的核心客户是那些只想要基本款、对时尚趋势不感兴趣的人。仅仅过了两天，该公司又恢复使用原来的标识设计。由于这一失误之举，许多顾客失去了他们与该品牌的联系，因为这个新标识传达出了一个信息，即该服装零售商的情况正在恶化。

知道自己卖的是什么：你不是做配件生意的

当你开始决定你的营销策略时，你首先要了解你卖的是什么。客户不会因为相信你的营销策略而光顾你的公司。他们光顾是因为他们期望你的产品或服务能满足他们的需求。仅仅依据事实做决定的消费者少之又少。我们都是被情感驱动的。如果你忽视了这种情感动机，你就会做出错误的决策。情感上的牵引可能来自生存、虚荣、爱、恐惧、效率、个人成长等因素。你需要深入地了解客户的动机，从而编写出正确的营销信息。

在你向消费者销售产品或服务时，以下是你需要触动的主要情感按钮：

幸福或喜悦

健康

繁荣

安全

与朋友和家人的关系

和平

渴求发展

自由

成就感

自信

长寿

性伴侣

安慰

认可

优越感

通过食物获得满足感

顾客真正从你这里购买的是什么

我已经讨论过柯达是如何在数码摄影领域失败的，其原因是公司领导人自欺欺人，否认新媒体所带来的冲击。导致这种心态的一个可能因素是管理层并不了解客户实际购买的是什么。胶卷对于他们公司来说是有利可图的，所以他们关心的是净利润。然而，消费者购买的并不是胶卷和拷贝，他们购买的是保存记忆和讲故事的能力。想想当你拍照时：婚礼、生日、家庭聚会、度假和其他活动。消费者并不在乎这些是打印照片还是数码照片。因此，该公司未能与客户的需求保持同步。结果就是，当柯达醒悟过来时，它已经失去了市场份额，因为数码摄影逐渐成为一种常态。

卖产品不能靠一些华而不实的营销策略。能卖出一款产品的是一种能够深入客户心灵的能力，这样顾客就会明白你的产品或服务正是他们所需要的。

看看熊宝宝工作坊，它的广告就很好地反映了顾客的情感。多年来我一直在收集泰迪熊，其中大部分都是自行购买的。但是想想这种情形：我打赌在你的生命中某些你至今还记得的时刻，你所拥有过一个特别的泰迪熊。它可能来自你父母、一个家庭成员，或一个亲密朋友的礼物。

当玛克辛·克拉克（Maxine Clark）创办熊宝宝工作坊时，她意识到，泰迪熊关乎人们的回忆和经历。所以熊宝宝工作坊是一个你可以带着你的孩子、侄女、侄子和孙子创造那些特别回忆的地方。你可能看过一个节日的广告，小女孩看着她的父亲说："你知道制作我的节日驯鹿最棒的部分是什么吗?"几次都猜错后,她说:"错了,爸爸,最棒的是我能和你一起做这个。"

孩子们选择的熊娃娃或毛绒玩具看起来和其他玩具并没有什么两样,但是只看外在可能会具有误导性。熊宝宝工作坊的客户们可以制作自己的个性化毛绒玩具。节假日期间,购物者们不是去 FAO Schwarz 买一只熊娃娃,而是会在第五大道排起长队,进入熊宝宝工作坊。这就是企业的 1% 的精进。

想想酒店业务。酒店运营商销售的不是客房,而是一个舒适、安全、干净的供你睡觉的地方。这就是为什么许多较好的连锁酒店都会投入大量资金购买顶级床上用品和水疗产品。我住过的一家酒店提供了一份备选目录,让我可以从中选择住宿时所需的枕头类型。这么说吧,我会再次光顾那家酒店的。

由于消费者可支配收入的减少,花卉产业在经济大衰退时期举步维艰。然而,北卡罗来纳一位精明的花商却比其他大多数的花商境况要好得多。北罗利花店(North Raleigh Florist)的总裁贾尼斯·卡特勒(Janice Cutler)意识到她卖的并不是花，而是一种情感。卡特勒的策略奏效了。最近，她在北卡罗来纳州的凯里开了第二家分店。

与你的客户建立亲密关系

既然你已经创立了自己的品牌承诺，确定了监控客户需求的方法，并与你所销售的产品保持协调一致，那么是时候建立关系 —— 与客户保持亲密。你希望人们与你的品牌之间的联系更为深刻，更能让他们在情感上得到满足。最大的问题是如何在不显得虚伪的情况下获取这种亲密。

在我继续往下讨论之前，让我先告诉你什么不是客户亲密关系。它不是客户服务，不是一个要从清单上划掉的目标。它必须是你赢得的。

客户亲密关系是一种有意义的参与。你想成为客户的合作伙伴。你需要像他们了解他们自己一样了解他们，甚至比他们了解得更多。

多年来，各大品牌一直在与消费者对话，但这只是一种单方向的对话。公司推销着自己的产品，与客户之间的互动，如果有的话，却微乎其微。许多人推测，广告商们插入这些潜意识信息是为了操纵消费者。这一说法来源于 1957 年万斯·帕卡德（Vance Packard）出版的一本书——《隐藏的说服者》。如今，我们都知道这些把戏起不了作用。

营销模式已经发生了重大改变。客户们希望进行双向的、近乎实时的交流模式。成功的品牌正在学习如何通过更加人性化的方式建立这些关系，让顾客们知道在企业的商标背后有真正关心他们需求的真实的人存在。他们与客户的关系远远超越了交易本身。即使你的产品或服务不是你的客户经常性购买的东西——比如汽车、电视或房子——你也需要让这种关系保持活力。

创建一个建立亲密关系活动的第一步是弄清楚你想与之交流的是谁，以及如何接触到他们。同样，你需要确保你完全了解你的客户的需求。当你开始以客户同样的视角看待这个世界时，你就有能力提出建议，这个建议可以体现出你对客户成功获取这种体验的理解以及承诺。

与客户建立亲密关系的另一个重要因素是赢得他们的信任。如果你的市场将你的营销行为视为不可信的，那么你将失去建立客户亲密关系的机会，也许是永远地失去这个机会。但如果你做对了，强大的客户关系将为你创造真正的市场优势。下次有竞争对手找上门时，顾客们便会想要依附于你。

现在有很多平台可以让你接触到你的客户。各种规模大小的品牌都可以成为自己的出版机构，创建一些可以有助于改善你客户生活的内容，并将这些内容分享到多个你能接触的渠道中去。在我看来，拥有强大的全渠道客户参与项目的品牌比那些不具备此项优势的品牌拥有更高的客户保留率。

我最喜欢的例子之一是福来鸡。20 多年前，该公司发布了其广告牌进行宣传，上面有一头奶牛的图片和"多吃鸡"的口号。这个活动非常受欢迎，公司因此决定进一步推进这一理念，并由此设计了一整套的营销活动，包括电视、广播和社交媒体。但真正让人惊叹的是该公司推出了奶牛感激日。该公司表示，当时有超过 90 万人盛装出席。今天，"奶牛们"有专门的网站，它们会发推特，你也可以在 Instagram 上找到它们，它们有脸谱网主页，牛群也会公开露面。

福来鸡成为人们青睐的一个品牌。因此，它最好的营销工具就是它的客户，他们就是公司的宣传者。因此，据《QSR》杂志称，福来鸡每家餐厅的收益都超过美国任何其他快餐连锁店，这也就不足为奇了。福来鸡具有 1% 的精进。

你如何能在你的企业中创造这些优势呢？

成立于 2010 年的 Made in Mars 是一家滑板类运动器材公司，它从一开始就意识到与客户建立亲密关系的重要性。在其亚马逊店面首页的"关于我们"部分，该公司指出了它的独特之处：

环顾四周，我们会发现许多致力于娱乐行业的公司，其中不乏有做得很好的公司，有些甚至在制作滑板类运动器材和适应"极限运动的生活方式"上做得极其出色。这些都很棒，但这并非我们所追求的。我们想要帮助那些踏上我们滑板的客户定义自己的生活方式以及寻找自己的道路。让我们的产品成为你们的艺术表达、日常交通工具的一部分，促成你们的美好时光。

"我们一直致力于融入客户的体验，并成为他们的生活故事和冒险中的一小部分，"总裁兼首席创意官理查德·派尔斯（Richard Pyles）指出，"每个人都想被迎合，并想要有一个持续和互动的体验。这就是我们所提供的东西。"

Made in Mars 的客户遍布全美各地，并且公司鼓励这些客户为公司的设计和新的创意出谋划策。Made in Mars

将其成功归因于对其客户群体的倾听和回应，因此，许多客户成了该公司在社交媒体上的品牌大使。这极大地减少了公司花在广告和市场营销上的成本。

派尔斯说："与我们的社交媒体大使合作是一种很好的方式，它可以让我们大幅降低产品研发的投入，也能让我们了解到客户在用我们的滑板做些什么。实际上，是我们的大使们用他们卓越的观察能力和出色的建议共同创建了这家公司。"

如今人数超过婴儿潮一代的千禧一代希望与品牌进行双向的对话。

即时满足和沟通是保持品牌与时俱进的关键。我们生活在一个几乎不需要为了任何事情而离开家门的时代。所有的东西都可以在网上订购并且送货上门。即使我们不在网上购物，我们大多数人也会在购物前做一番调查。无论是对于 B2B 公司还是 B2C 公司，情况都是如此。如今的客户希望与他们购买的品牌建立关系。他们期待一场对话，为此得以提升品质的产品和服务正是最好的回报，86% 的千禧一代愿意分享关于他们的消费习惯和做出购买决定过程方面的相关看法。

影响者营销

人们会通过你结交的朋友评价你。这也是为什么品牌创造 1% 精进的另一种方式就是通过有影响力的人营销。多年来，各大品牌都在利用名人通过电视、广播和平面广告宣传他们的产品。但在今天，名人营销的概念变得更加亲近以及宽泛。

影响者营销是利用某个人的信任度或喜好接触到与该个体相关的受众。以往它仅限于一些特定情形，比如一位著名的运动员为一种运动饮料代言。但如今社交媒体将这一行为提升到了一个新的层面。公司可以在 YouTube 上找到一位网红讨论他们的产品。通过与有影响力的人签约，品牌就可以锁定其追随者。例如，我就与许多想要进入小企业市场的知名品牌合作过。

麦肯锡的一项研究发现，"营销诱导的消费者对消费者的口碑宣传所带来的销售额是支付广告宣传的两倍多"。并且，那些通过口口相传而获取的买家，他们有更高的保留率，为 37%。

这里有一个最能说明问题的数字：只有 33% 的消费者

相信广告，但 90% 的消费者都相信来自同伴的推荐。这突显了社交媒体的本质和重要性，因为在很多方面，人们都认为自己与他们在社交媒体上关注的人之间存在着某种同伴关系。

影响者营销的第一步是在你想要触及的某个特定市场中为你的企业找到那个合适的影响者。其中一些关键的人物你可能已经认识了，但要扩大你的影响力的话，你应该去寻找那些隐藏的影响者。

你可以基于关键词利用社交媒体找到那些具有影响力的人，或者找到那些属于特定行业领域的影响者。另外，你可以使用市场研究技术识别那些影响者，通过一个预设的条件确定其影响的程度和类型。例如，一个想要接触小企业的品牌可以输入 #smallbiz, #smallbusiness（小型企业）或 #smb。然而，如果你的品牌只是面向个体经营者，那么你搜索的关键词要缩小到 #IC（个人贡献者 individual contributor 缩写）、# 自由职业者或 # 个体企业创业经营者。

记住，重要的不是有影响力的人所能接触的用户的数量，而是用户参与度的质量。比如，贾斯汀·比伯（Justin Bieber）在推特上有 9300 多万粉丝，但是如果你的产品是关于新生儿方面的，那么是否有很多人会受到他代言的影响，这就很值得怀疑。相反，一个妈妈博主可能只有 1 万名粉丝，但这些人却更有可能会相信她的代言并采取实际行动购买产品。Instagram 上的粉丝数少于 1000 的网红，他们的粉丝参与度为 8%，而粉丝数超过 100 万的，其粉丝参与度仅为 1.7%。研究表明，82% 的人可能会采用来自这些具有小众影响力的人的推荐。

正因为我们的企业在寻求突破沟通混乱，以更有意义的方式去接触客户，名人营销的受欢迎度以及重要性都将持续增长。但是名人与你的品牌之间的合作必须是双赢的。因为名人是人们信赖的来源，她会想要确保你是一个合法的企业，你的产品或服务对于她的受众来说是合适的。当有一家公司来找我时，我会花很多时间审查它。我的粉丝平台对于我来说极其重要，我不能冒险向他们推送一些毫无意义或者我自己也不会使用的东西，这会让他们离我而去。

对于你的企业亦是如此，在你与有影响力的人接触之前，你应该做好自己的调查工作。这个人是你真正想与你的品牌联系在一起的人吗？她在市场上的地位如何？她的粉丝都是真的吗？你可以去看看 Klout.com 和 TwitterAudit.com

这些可以测试名人影响力的网站，看看他们的粉丝是否是真实的人。

判断社交媒体营销有效性的关键性因素

就在 2014 年，商业作家们正在谈论社交媒体营销会是下一个大事件。如今，很难想象有哪家企业不在社交媒体营销上投入大量时间及资金。

然而，尽管我们普遍接受并且依赖社交媒体，但为了建立和保持 1% 的精进，偶尔往回看看，试着充分了解我们的社交媒体营销的有效性也是很重要的。这可以帮助你发现哪些策略是最有效的，哪些会让你失望，并使你重新集中精力提高成本效益和增长。

最基本的是你需要根据你的投资回报进行评估。这有点棘手，因为对于你在社交媒体营销方面所做出的努力，没有一个即时的相对应的数字能对每一项进行核算。对于那些使用自己设计的社交媒体营销策略的小型企业来说尤其如此。例如，你如何衡量你的时间？

计算时间的投入

如果是你亲自处理社交媒体营销项目的一些或者全部因素的话，有两种可以衡量你投入时间的方法。第一个方法是，你可以估算雇用一个人做你现在所做的事情需要花多少钱。这个方法非常简单明了。第二个方法是考虑你因为花在社交媒体营销上的时间而让你错失的时机，并用具体的数字衡量这个损失。

你只需花点时间做这两个方面的估算，就能了解你的社交媒体营销有效性的现状。如果你失去的时间成本带来的价值远大于你支付别人为你做社交媒体营销工作的报酬，那么你需要尽快将其外包出去。

在计算成本时，还有一个需要考虑到的方面：付费社交媒体营销和你可能使用的各种免费注册的服务。在一个电子表格中，你将有两栏可供选择，一个是通用社交媒体营销，另一个是付费的社交媒体营销，或者你可以称这些为社交媒体广告。判断你在付费广告上的投资回报不是一件难事，但一定要涵盖你或你的团队在制订这个计划上所投入的时间和金钱。

一旦你对这些数字还比较满意，你就需要考虑自己的目标以及与目标相对应的进展。你有后续计划吗？如果有的话，那么你能很快地确定每一个新的后续活动的成本吗？你是否在追求提升销售额？如果是这样的话，那么你需要能够追踪到每一个后续进展的销售量。你想树立自己的影响力吗？那么你需要对那些因为你的社交媒体影响力而向你敞开大门的机会赋予价值。

保持一致性

首先我要承认，其中一些数据会比较模糊不清。但是如果你牢记以下两点的话，那就没有多大问题：

你在价值的数值设定上要保持一致。一旦你设置好了，就不要更改。
你要在数据变化中寻找趋势和因果关系。

接下来，我将对这两点进行解释，以及阐述为什么它们对于衡量你的社交媒体营销有效性极其重要。

让我以政府的月失业率数据为例。4月份的失业率是否恰好为 5.6% 并不重要。重要的是，它的数据采集和测量是否与 1 月、2 月和 3 月所使用的方法和标准是一样的。当它们之间存在一致性时，这些数字就会反映出趋势以及因果关系，我们就可以由此做出理智的决定。

当你定期地测定你的社交媒体营销有效性时，你将会创建出一个有价值的关于相关数据的数据库。

社交媒体已经成为我们日常生活和商业习惯中不可分割的一部分，许多企业主，无论大小，都未能成功衡量出他们社交媒体营销的有效性，尤其是当他们自己大包大揽或者将责任全部推给其他团队成员时。除非他们花大价钱提振业绩，否则他们会认为自己的支出太少，不必担忧。

这在某种意义上可能是没有问题的，但除非你计算你的社交媒体营销的有效性，否则你将永远无法发现哪些策略对你是有效的，而哪些又是无效的。这自然会严重阻碍你企业发展的能力。

市场营销和销售

你的营销和销售团队应该一起合作。出于某种原因，几乎在所有公司，这两者之间都存在脱节。营销团队忙于传播有关品牌的信息，而销售团队甚至可能不知道这些信息是什么。

市场营销团队应该让销售团队知晓他们通过各种营销平台所听到的信息以及关于客户需求和动机方面的研究结果。而另一方面，销售团队也应该将客户的反馈信息告知营销团队。这种信息的共享会让双方都能从中有所获益，受益的还有公司的整体业绩。

当这两个部门脱节时，你的公司就会丧失时机，造成资金的浪费，这会影响你的品牌形象。我和我的一个同事，为一个知名品牌策划了长达一年的大型活动，以此进军中小型企业市场。尽管该公司不知道其客户获取成本、转化率或者客户终身价值，但是我们能够推测出其大概的数据，并证明该公司会获得显著的投资回报。最终结果营销团队的表现大大超出了预期，而市场团队却低于预期。为什么会这样呢？这并不是因为高管们没有看到该项目的价值，而是因为他们没有具体流程确保从该项目中产生的销售线索能够得到跟进和完善。他们没有追踪的方式，因为营销和市场团队没有合作。

拥有 1% 精进的公司，他们的团队能够团结协作，并能认清他们共同的目标。他们会定期召开会议。他们拥有一整套的技术，能轻易地将线索送到正确的人的手中，并有方法获取最终的结果。这些信息有助于市场调整其宣传信息和营销策略。

1% 精进的销售

无论你是一个 B2B 还是 B2C 的企业，你的客户和潜在客户在他们与你建立联系之前就已经对你的产品和服务有了很多的了解。因为他们做了功课，你也应该做好你的功课。如今的生活飞速发展，而时间则是一个有限的资源。所以不要浪费客户的时间，你要做好充分的调查，这样你就能清楚地了解他们的需求。

对于 B2B 的公司来说尤其如此。过去有段时间，你可以给潜在的客户打陌生电话，预约见面，介绍你的产品或服务。但这样的日子已经一去不复返了。如今，为了获取预约，走到一个潜在客户的面前，你有很多事情要做。

首先，你需要尽可能多地了解潜在客户的业务。他是否在使用类似你的产品的东西？如果是的话，那么他们目前是在与谁有业务上的往来？你能提供一些更有价值的东西吗？公司出现了哪些问题和挑战？你如何提升它的业务，以及成为推动它成功的真正伙伴？

当我还是我的互联网公司的首席执行官和联合创始人时，一位来自当地银行的年轻女士找到我，问我是否可以和她的区域经理见面，一起探讨他们的银行如何为我的企业提供服务。我很不情愿地应承下来。（你要知道每个人都忙得不可开交。）当我们见面时，她竭尽全力地给我介绍他们银行的服务能力，却没有问我我们目前的银行关系和需求。然而，重头戏是她拿出了一张传单，并开始告诉我在这个区域所有和女性企业主相关的组织机构。我礼貌地听着，但我的内心却在笑。因为我不仅知道这些组织，而且我也是这其中许多组织机构的全国委员会成员。我没有和她达成生意上的往来，老实说，她浪费了我的时间。

样板展示销售的模式已经成为历史。销售大师博恩·崔西（Brian Tracy）说："归根结底，所有的销售都是关系的销售。"这强调了销售对话的重要性。当你开始了解一个人时，你们的关系就会有所发展。

深夜脱口秀的主持人可能会用独白给节目开个好头，但在销售中，对话将成为买家和卖家之间建立成功关系的基础。

因为在互联网上有很多关于你的企业和产品的信息，你的客户可能在你出现在他们面前之前就已经差不多准备好做出购买决定了。他们阅读了网上的评论，并了解了你的竞争对手。所以接下来就看你的了，别搞砸了。

以下是一些事实：

客户的问题比你卖的东西要更重要。

必须向你的客户保证你了解他们的问题。

你必须与你的客户建立信任，以便你的销售说辞能够被他们所接受。

你应该能够简明扼要地为你的客户解释为什么你能有解决他们问题的最佳方案。

这听起来很容易，但做起来却很难。因为毕竟销售人员会认为他们的产品或服务是优秀的，他们渴望与人们分享，因为他们知道这会让他们的客户有一个更好的生活。然而，你不能"卖"任何东西。你的客户购买的是他们想要和需要的东西。

你是否遇到过这么一个人，你们第一次见面，然后在离开时你会心想："哇，那个人似乎真的很关心我！"如果有的话，我可以向你保证那是因为那个人问了关于你的问题并倾听了你的回答。如果你这样做了，你就有机会问她后续的问题，这就能证明你是在倾听这个人说话。后续的问题有助于打破理解闭环。

我有个朋友曾经是报社记者。他接受的训练是如何去问问题，倾听别人的回答，并提出后续问题。这是他处理社交问题的方式，但是他总是会注意到和他说话的人不会问他问题。他向我解释说，他料到会是如此，因为人们都喜欢谈论与自己相关的话题。但是，当别人表现出兴趣（或者出于好奇）而问他问题时，他便会特别留意。

由于接受过报社关于这方面的培训，他在某种程度上更能清楚地认识到人们在对话中对他的兴趣点。当你遇到新的潜在客户时，你只有一次给他们留下第一印象的机会，表明你对他们问题的关注，而不是站在那里，用一些演示的销售行为或者靠一套华而不实的说辞博得他们的称赞。你的职责在于开启并引导销售对话。

去问问题

用你自己的话重复客户刚才所说的话，确保你的理解是正确的，然后问他们后续的问题。

在销售对话中自然地去解决潜在客户的问题。如果你首先建立起了这种关系的基础，那么从长远来看，这种关系会更加地牢固，并会带来更多的销售额。

去倾听而不是去销售还可以让你根据客户最关心的问题定位你的销售说辞。如果你曾经参加过分时营销的演示，那么你一定目睹过这个场景。当你正在享受丰盛的自助早餐时，他们会让你"喜欢"上他们，然后他们会带你在房子里四处转转，在整个过程中获取你越来越多的信息。他们很擅长问问题，所以你会谈及你的旅行爱好，你旅行的时间以及你经常会和谁一起旅行。然后他们会开始自己的陈述，向你提供恰当的方案。他们不断努力重新制订一系列方案，直到让你满意。在看到他们以不同的方式演算一番后，他们会说这个价格只有现在才能有效。如果你走开了，那么对不起，过时不候。然而，分时营销人员的问题是，虽然他们的销售方法很灵活，但是他们不会真的关心这对客户来说是否是一笔划算的交易。对他们来说，销售是一个目标，而不是结果。

拥有 1% 精进的公司会将关系的建立、倾听和敏捷性相融合，而销售是为解决客户问题而产生的自然结果。如果在倾听了客户及其需求后，你认为你没有任何合适的解决方案，那就要诚实告知。不要试图给他们推销不合适的东西。

今天在我写东西时，一个男人来打扫我楼上卧室和主卧的地毯。他到来后，我带他去了主卧，他说："你不会想要打扫这个地毯的。"我当时很震惊。他解释说，这是高档地毯，经常清洗可能会导致缝合处开裂。

我不敢相信他会如此诚实。我想把地毯洗干净，我想很多公司都会接这个活，然后拿走我的钱，对于这一点他们会只字不提。我感谢他的诚实，而且我一定会把他推荐给我的邻居。

内部营销

外部营销的重要性是显而易见的，但大多数公司忽略了内部营销的重要性。让你的团队爱上你的品牌和让你的客户爱上你的品牌同样重要。如果没有这种联系，员工实际上会破坏你的营销信息。那些不理解你的企业价值、不相信你的品牌的人会对客户关系造成严重的破坏。但是当员工接受了你的品牌时，他们会更加忠诚，并且投入企业的成功当中。

你可能已经设置了一些员工交流互动的方式，以此分享公司的新闻，但是如果这些方式是我所熟悉的大多数方式的话，它并不能向你的团队"推销"你的企业。通过运用外部营销的原则，你可以与你的团队分享你的品牌与众不同的地方。通过帮助他们看到更宏伟的愿景，围绕你的新产品、项目和倡议活动营造出正能量。员工应该和你的客户一样，听到相同的营销信息。

当我领导一个市场部门时，我参与了许多内部活动。我们分发了数千张海报，上面写着公司的使命宣言和核心价值观。员工们还被分发了强调核心价值观的分层卡片。我们制作了视频和横幅广告，但最有效的是一些具有个性化的举措，我们发现，与一位能够亲自解释愿景的高管进行圆桌讨论，能更大程度地激励和吸引员工。

一旦你有了企业的发展目标，你就必须把它传达给团队的人员。然而，只通过发送一个内部通知，然后继续干自己的事情如何能够实现这一目标呢？简化你的信息，让它成为

一个咒语，去示范说明。你的员工应该能够向你复述企业的
目标。你可以问他们这个问题测试他们："这个季度我们要努
力完成的最重要的事情是什么？"如果他们不能回答这个问
题，这不是他们的错，而是你的错。

当你的企业正在经历变化时，内部营销尤为重要。换句
话说，当你实施 1% 的精进流程时，内部营销有助于让每个
人与企业目标保持一致和同步。否则，改变会令人不安，员
工往往会变得不投入以及感到不满。

1% 的精进

The One-Percent Edge: Small Changes
That Guarantee Relevance and Build
Sustainable Success

第七章 流程精进

企业中的每一个问题都是系统失灵的结果。

———布莱恩·拉扎克

到目前为止，我已经写到了关于领导力、产品、人员、市场营销和客户服务这些因素，其中每一个环节对于企业的成功以及可持续发展都是不可或缺的。然而，如果你在企业的运营中不去追求卓越和灵活性，你就无法处理这些因素。你的企业的每个方面都是息息相关的，在某一方面缺乏敏捷和创新都会阻碍企业的整体成功。

技术是企业流程的重要组成部分，但是流程比 IT 概念更为广泛。你可以把它想象成钟表或引擎的内部运作方式：这些部件是否在一起平稳地运作，呈现出一个最终的结果？那些能够很好地利用技术满足来自消费者和企业运营不断变化的要求的公司会是最后的赢家。

我们的内部流程是否精简？

我们是否浪费时间和金钱在没必要的活动上？

我们团队大多数的时间花在了哪里？有没有引入技术的方法？

在一个理想的环境里，我们需要用什么提升生产力？

我们可以做些什么提高我们的服务水平？

我们可以做些什么改善企业的发展？

我们收集大数据是为了提升企业运营和产品交付吗？

我们有没有给客户发声的机会？

我们收集数据是为了有助于制订战略决策吗？

我们的内部流程是否协调一致？

我们的市场和销售机构是否在相互配合？

我们的流程是否恰当地体现了我们的品牌并始终如一地兑现品牌承诺？

我们的内部流程是如何提升整体的客户体验的？

使用过时的经营模式和技术，要实现 1% 的精进是不可能的。你可以把这想象成陷入了流沙中：无论你多么努力地挣脱，它都会慢慢地将你吞噬。事实上，你越努力，越想快速地挣脱它，你的处境会变得越糟糕。对旧的体系或设备进行了重大投资的企业领导者可能不会愿意进行更新、更有意义的投资。原因有很多,投资的代价以及自我意识在作怪。然而,即便有最好的想法和新的商业机会的投入,你的内部基础设施也要能够支撑你的企业发展。

我们都看过展示人类进化的插图。他们一开始是一种身材矮小、弓着背、像猿类的生物,有着很长的手臂,然后他们逐渐直立起来,变得越来越高,直到看起来像现在的我们。这种发展进程也应该体现在你的企业基于流程或系统的演变中。

在一般情况下,企业的流程刚开始都比较粗略简陋,这并不是一件坏事。"先假设,后成功"的策略可以很好地适用于正在进行新的项目试验的初创企业和服务型公司。事实上,这种方法很好地说明了你的企业体系应该如何不断地发展。

这里有一个例子:

假设你认为你有一个更好的方法测试求职者的个性特征是否适合不同的公司文化,但是你不确定这其中的需求有多大,或者确切地说,你的潜在客户会如何回应你的服务。你设想了一个基于云计算的系统,在这个系统中,企业会回答一些关于企业文化的问题,然后软件会对其输入的答案进行分析,进而生成一系列的问题,这些问题将被提交给求职者。

然后，该软件会根据应聘者的回答与公司文化的匹配度给他们打分。

即使你知道如何评估应聘者的回答，你也了解驱动他们得出这些答案的心理指标和思维方式，但要将所有这些转化为基于云计算的人工智能软件系统需要相当大的投资。但你并不希望在项目初期就拿你的资金冒险或者找到资金来源。

相反，你决定建立一个网站，将你的第一个系统放进去：一个基于 web 的界面，可以对创建者和其他人的公司文化进行测试。当你推销这个网站并与你的前几个客户合作时，你将手动完成剩下的步骤，你可以选择独自完成，也可以将这个任务分配给在该领域能胜任的其他人。

如果这看起来要求太高，并且你设想的这个评估体系是可以收费的话，你就可以着手构建剩下的自动化系统，不久之后再将整个项目系统化。

在这种情况下，你的第一批客户不知道你的服务后台是如何运作的，而且他们也不需要知道。事实上，你希望他们意识到你已经开发出了自己的系统。你的客户不需要知道你在幕后工作有多努力和迅速。你的系统需要不断地变化。如果你建立了一个系统，然后想"哟！我很高兴完成了"，那么你就错了。你很容易就落入了这种陷阱。开发一个系统太耗费精力了，并且你并不认为你需要在不久的将来再推倒重来。

如果你未能不断地改进系统和流程，这可能会给公司带来致命的打击。我们大多数人都清楚地知道美国汽车制造商的历史，几十年来他们一直满足于销售出最多的汽车，而很少进行工艺流程的改进。在 20 世纪 70 年代，日本汽车制造商 —— 使用美国工程师开发的质量控制系统 —— 开始生产质量优于美国车型的汽车。事实上，就在同一代的消费者群体里面，日本制造商就把"日本制造"这个词从贬义变成了卓越的代名词。

自从日本汽车制造商在质量和可靠性方面开始超越美国汽车制造商以来，时间已经过去将近 50 年了。近几十年来，美国汽车有了很大的进步，甚至在许多领域赢得了很高的声誉。然而，要摆脱其制造工艺粗糙的名声还是很困难，毕竟消费者的看法不会立刻发生转变。

这就是你必须坚定不移地致力于不断改进流程的原因。

然而，这其中会存在不利于变革的人为因素。例如，美国汽车制造商对于如今的成功自鸣得意，而未能绸缪明天的成功。此外，正如我提到的，你或者是那些最初设立系统或流程的人，或多或少在其中掺入了一定的自我意识，所以当别人提出更改建议时，你自然会有些不情愿。这将我们带到了发展流程和系统的下一个重点：每个人都需要参与进来。

你要去创造一种文化，让每个人都能参与进来，让他们有能力并被授予权力创造和完善系统。这点尤为关键。这是事实，是因为：

情况在变化。市场总是在不断变化。美国购车者对底特律汽车城的汽车质量水平感到满意，直到他们体验到了更高质量水平和可靠性的日本汽车。

人在变化。当简负责会计时，她实施了一些重大的流程改革。但是现在简被提拔了，约翰顶了上来，他又有了一些不同的看法，他看到了一些被简忽略的可以做出改善的机会。

期待的最终结果在改变。你将会找到方法改进你的产品或服务。这可能是为了改善它，或者是让它对一个新的细分市场更具吸引力。如果我们将由员工驱动的流程改进看成自下而上的改进，那么就会有自上而下的改进。不要试图用今天的流程胡乱拼凑明天的产品。

流程和人为因素

很少有人喜欢被困在一个死板的系统里。这通常是人们对过于系统化的公司的批评。员工们抱怨被变成了机器人或者不能进行自我表达。如果你的团队成员了解到流程不是固定不变的，一切都是可被完善和提升的，并且事实上，他们是被鼓励参与这些改进工作的，那么这个问题就会迎刃而解。

我们讨论了在更大或体系业已成熟的企业中灌输创业精神的必要性。当你创造出一种能让每个人都问出"我们如何才能把这个做得更好"问题的文化时，创业精神就会自然而然地产生。

毕竟，对于一个创业者来说，这不就是最重要的问题吗？一个成功的企业家的基本态度就是检验一种产品或服务，并且找到更好地提供它们的方法，或者去查看一种情况，并探索如何解决问题。将这种态度融入企业每一细微时刻中，你就会朝着创造出你这个行业中效率最高、反应最迅速的公司的方向前进。

而且好处还不止这些。在第五章，关于如何利用"人的精进"，我们讨论了创造品牌大使的价值。如果你的员工不接受公司所做的事情，那么你就永远不会有品牌大使。让每个人都参与合作发展系统的好处之一是，当一个人的改进意见被吸收采纳时，这个人就会立即获得一种企业的所有权。人性使然，他们会为拥有品牌的所有权而感到骄傲——这是成为品牌大使的必要组成部分。

流程的一致性

在一本谈论敏捷性和创新的书中谈论流程可能听起来有点反常。然而，实现 1% 的精进本身就是一个流程。非常成功的公司会建立流程，以便他们能够持续地向客户提供产品或服务。只有通过结构化的思考过程，你才能评估有形的结果。

对于较小的企业，我总是指导他们的领导者想出一个可传授的、可重复的以及可以持续产出的流程。你的客户相信他们每次和你做生意时都能得到相同质量的服务。例如，我曾经很喜欢在纽约的一家熟食店吃饭。几年前，我进去买了些剁碎的肝。虽然一切看起来都一样，但食物的味道却远不及我以前所吃过的。就在那时我得知餐厅换了主人。我又进去试了一次，但又一次感到了失望，所以我再也没有光顾这家店。

质量流程

> 把你的工作做好，这样他们就会"二刷"影片，还会带上他们的朋友一起来。
>
> ——华特·迪士尼

你可能听过这句老话，你只有表现得像你昨天那样好，你的公司才有可能创造出一个惊人的成功的客户纪录，但这是一个错误的做法，这可能会毁掉未来的关系。如果你不能始终如一地履行你的质量和服务的承诺，那么你的客户就会去别的地方。如今的消费者越来越不情愿给企业第二次机会了。

你有什么检查和保持均衡的措施确保每一次与顾客的交互都能产生同样出色的质量？想想纽约市中心的所有餐厅。你可以找到任何你想要的食物。然而，许多来这座城市旅游的游客不愿冒险去未知的地方吃饭。这就是为什么你会看到许多著名的连锁店，比如麦当劳、Applebee's、必胜客、星巴克和唐恩都乐总是人气兴旺。食客们很清楚会发生什么，因为无论你是在纽约还是肯塔基州的路易斯维尔，它们的食物都是一样的。产品的一致性是关键。

让我解释一下这个问题的另一方面。消费者已经与这些全球连锁店建立了关系。你的企业的主要目标是建立一个长期的关系。这些关系有多大价值？我曾经见过一项估计，星巴克顾客的终身价值超过了 14000 美元。我敢肯定，所有这些大品牌的客户终身价值都非常高。我的观点是，一致性是这些公司与消费者建立关系的主要基石。在一致性上的投资回报是非常丰厚的。

唯一能保证你的产品和服务的产出每次都保持在同一水平的方法，就是确保所有的员工维持在同一标准，遵守同样的政策和程序，并使用相同的流程、实践和系统在期望的水平上执行他们的工作。

流程不仅仅是你的产品/服务交付所必需的。你需要流程训练你的团队，管理你的账单，与供应商合作，管理假期安排，进行销售和管理你的市场。对于小公司，流程可以帮助你遵循计划安排。对于较大的企业来说，流程可以帮助你处理不同部门的问题甚至实现文化的无缝对接。你可能与这种企业有过业务往来，它的其中一个组织或部门以一种方式管理流程，而另一个部门则有自己的一套运行流程。

不要另起炉灶

如果企业中的每个人都了解了你公司的某个流程是如何运作的，那就不要再另起炉灶，去设立其他的相关部门。处理同一问题的方法大杂烩将导致重复和冗杂。这时，关键的东西就会有所疏漏。我的一位在一家大型金融服务公司 IT 部门工作的朋友发现，他的许多供应商合同都没有会签。当他与公司的法律部门讨论这种情况时，法律部门认为这是他的部门的工作，而他的团队却认为这是法律部门的职责。这主要是因为没有具体的流程确保完成这项工作。

追踪时间

了解你的团队是如何花费他们的时间的，这是你需要获得的一种重要的洞察力。是时候好好追踪一下过去的时间了。

这一点很重要，这样你就可以了解你的企业效率如何，以及你是否需要做出相应的调整。

不要忘了对帕金森定律的解释："工作量的增加是为了填满完成该工作可用的时间。"我在企业界的一位同事几乎每个早上都会来到我的办公室，端着咖啡，坐下来，开始找我聊天。这小小的拜访占用了我大部分时间。因此，你需要了解内部流程的各个方面所耗费的时间是多少，并评估对于这项任务来说，这个时间分配是否合理。

我在公司和我自己的企业里做过时间跟踪。这是一个很具有启发性的训练。你的团队是否把时间花在了正确的事情上？依据企业的规模和类型，你可以使用软件程序完成对时间的追踪。并且，它也可以通过诚信系统完成。让员工像律师和顾问一样记录他们的时间，这会让你能够做出相应的运营调整并在提高生产率方面提供信息依据。你可能会惊讶于在非关键的企业业务上你浪费了多少时间，例如，员工在电子邮件上是否花了太多时间？也许有一个团队成员在他工作的某些方面遇到了困难，而你把它转给其他人来做的话这个问题就可以得到解决。

追踪你的时间还可以让你了解到你的团队被手头上的任

务打断和分心的频率。短暂的干扰也不是什么坏事，通常也不会影响生产力。然而，当员工从一个项目转移到另一个项目时，他们需要花相当多的时间转变他们的思维以及专注于一些新的东西。员工们可能会认为任务分配多意味着他们完成了更多的工作，但组织专家们并不同意这一点。如果你承担了多个任务，那么你可能会注意到，当你从一个项目跳到另一个项目，然后又回到原来的项目时，你已经忘了先前的进度。

当你在强化你的基础架构流程时，你要具备相应的能力，将时间以及团队成员的才能引入对增长和创新的关注点上。有些公司会要求员工安排自己的静默时间。在这段时间里，他们会与电子邮件、电话和其他让他们分心的东西隔离，而专注于自己工作职责的某个方面。这一理念对于知识型员工更有利，但对于大多数职位的员工也同样有帮助。

如果你企业的运营是有效的，那么即使你犯了很多错误，你仍然可以从中恢复过来。但如果你的效率太低，尽管你很聪明，你的企业仍然会破产。

——山姆·沃尔顿，沃尔玛创始人

自动化的敏捷性公司

基本上，你公司里任何可以被自动化的东西都应该被自动化。时间就是金钱。若能让你腾出时间发展企业，那么无论何时你都可以将内部流程自动化。想想以前所有靠双手完成的任务，现在都靠技术方案进行管理了。

我最近在 AT&T 商店买了一部新手机。当时销售助理问我想要什么颜色的，我告诉他后，他迅速在他的 iPad 上查找这种颜色的库存，以确保有存货。（你不想要你的企业员工告诉顾客："让我去后面看看我们有没有这个颜色的库存。"对吧？）科技让员工获取信息变得轻而易举，这提高了他们的效率，并让他们有机会专注于服务他们的顾客。事实上，技术已经简化了整个销售过程。它不仅帮助销售人员提高了他们的工作效率，也提升了整体的客户体验。

利用 1% 的精进流程，审视你的公司内部情况。有没有办法引入更多的技术改善企业整体的运作？虽然本书并没有讨论你的企业中可用到的所有项目，但重要的是你要不断地评估和改善，以保持在行业的领先地位。有哪些正在发生的变化可能会影响到你的企业？正如我在本章开头提到的，过时的技术和流程将有碍于你的企业发展。如果你正在购买一套先进的电话系统，你会愿意与一家仍然在使用老式答录机的公司做生意吗？

作为AT&T委托进行的一项研究的一部分，英国剑桥大学贾奇商学院（Cambridge Judge Business School）的研究人员采访了全球不同行业的高管，希望找到帮助他们的公司成功创新以满足技术飞速发展趋势的共同策略。他们发现，当企业模式与六种模式（在这六种模式里，技术发展与市场需求相重合）中的一种或多种匹配时，创新就会出现，这会带来企业的增长和转型。技术和市场需求之间的六种重合模式是：

定制产品和服务：满足客户个性化的需求，如网上零售商推荐服务。

可持续性：最大限度地减少浪费，管理资源成本，如收集和回收零部件的公司。

共同拥有的资产：提高效率以及降低成本，比如在P2P业务中。

只为所使用的服务付费：尽可能省钱；例如，使用共享汽车公司。

有效监控供应链：使用手持式跟踪系统更好地监控供应链，如辅助服务公司。

利用大数据轻松适应客户的需求：快速站稳脚跟。例如，服装公司要保持较少的库存，以便快速生产新的设计，以适应新的时尚趋势。

"你可以看到技术和创新正在改变每个行业，"AT&T 首席营销官史蒂夫·麦格（Steve McGaw）说，"我们一直在努力地理解创新的机制，这样我们就可以帮助企业引领它们所在的行业。"

让移动性随行

移动性正在爆发并改变着每一种企业的模式。在每个行业和领域，移动技术正在取代旧的工作方式以及接触客户的方式。利用移动性的企业将获得显著的运营效益，如生产力的提升、成本的降低和更好的客户体验。然而，作为一个企业的领导者，你必须做好必要和正确的企业组织变革的准备。

旧的运营方式必须转换成数字信息方式，你要面临的挑战是形势总在变化。

想一想技术正在改变着我们今天的商业运行的一些方式，并思考你的公司如何能够从中受益。

诺德斯特龙的"短信购买"计划。这是第一个如此做的行业。它利用了诺德斯特龙客户和作为销售人员或个人造型师的诺德斯特龙员工之间的关系。诺德斯特龙公司的员工会使用一款定制的短信应用程序与顾客分享他们精心策划的一些时尚建议，顾客只需回复一个简单的短信就可以下单。

餐厅使用 iPad 为顾客点菜。顾客和餐厅的双赢。这项技术减少了餐厅所需的员工数量，并提高了餐厅接待的人数上限。此外，用餐者也乐意有机会享受更快的点餐、取餐和付账。这项技术有助于餐馆大大地降低他们的成本。综合餐饮技术平台 CAKE 表示，2016 年，运用移动订餐设备的餐厅的收入增长了 360%。一位餐厅经理说，在使用销售点单系统之前，他的团队猜测员工每月造成的餐损为 400 美元左右。在转为使用这个项目后，这帮助他们获得了真实的数据。他们震惊地发现，这个数字更接近于每月 4000 美元。它还通过减少订单错误的数量提升了客户的体验，而过多的订单错误会导致成本的上升。

自助航空服务站降低运营成本。与现场互动式服务相比，自助交易的成本很低。此外，旅客们也很乐意可以避免在售票处排着长队等候。同样地，食品杂货连锁店和其他零售商也在转向自助结账技术，这让传统的收银员能够解放出来，去完成其他的工作任务，如补充货架或者为客户提供帮助。

亚马逊的 Dash 补充服务。只需要语音输入，扫描它，或者按一个专门提供的按钮，Dash 就会为你重新下单你定期购买的消耗品。为了进一步推进技术的革新，最近亚马逊透露了人们期待已久的名为 Amazon Go 的新实体杂货店理念的细节。这家新店号称可以取消排队结账。顾客可以使用移动应用程序进入商店，然后只需把商品从货架上拿下来，放进购物车，购物完毕后就可以从前门出去。这会是下一代的杂货商店吗？

尽管我的关注点是零售业，但你也应该考虑如何将这些技术应用到你的企业中。服务型公司可以通过限制后台办公时间，让该领域的员工可以轻易地获取关键信息，并从技术中获益。例如，我的暖通空调服务公司给每个代表配备了一个移动设备，这样他就可以和客户一起检查上一次设备维修的情况，以及何时需要更换过滤网。

平衡高科技和客户之间的高接触

技术可以提高效率和降低成本，但它必须与你的企业提供的客户服务质量相匹配。你的客户有多少次因为无法联系到人工服务或无法找到合适的投诉、寻求帮助的渠道而感到沮丧？

技术可以让与顾客高频次接触的行业如虎添翼。以四季酒店为例，这是一家以高档服务著称的连锁酒店。它有一个移动的应用程序，这个应用程序乍一看有些奇怪，但该程序使得酒店的服务更为人性化。任何顾客有需要的时刻都可以随时使用，它还提供了一些特色功能，让客人管理起他们的住宿变得更容易，这些功能包括该地区的 GPS 定位以及寻求客房服务的方式。

作为一个企业领导者，你面临的挑战是融入技术强化企业的运营。但你必须要小心，不要对客户体验造成干扰。否则利用高效率省钱可能就意味着由于客户被赶跑而失去了收入。

应该让其他人为你提供 IT 流程吗

如今，几乎所有业务都有一个新的流程层面：线上流程。换句话说，企业是通过获取资产而不是通过投资资本拥有这些资产以获得竞争优势的。这对各种规模的企业来说都是一个重大的转变，但对小公司来说尤其如此。

软件即服务（SaaS）正在蓬勃发展。这些基于云计算的服务正在满足许多大大小小的公司的需求。这些广受欢迎的云服务包括：

社交媒体管理

客户关系管理

合作

此外，还有一些线上流程可以完成许多遗留的基于本地计算机的（甚至是基于人的）流程的工作，比如会计和财务、库存管控、调度、项目管理和客户服务。

如今，企业面临的问题为建立自己的定制解决方案提供这些服务，还是用已建立起来的软件即服务供应商取代其遗留系统。这样做的经济效益便是你的企业可以购买它所需要的尽可能多的服务。

客户关系管理就是一个很好的例子。你的成本取决于你有多少用户。如果你是一家刚起步的公司，销售和市场营销团队仅有三人，那么你只需要为一些用户购买服务。然而，当你的企业成长起来，你可以重新签订合同增加更多的用户。同样的，如果你的企业模式发生了变化，或者你提高了运营效率，从而允许你减少所需的用户数量，那么你可以取消现在的合同。

自主开发的软件解决方案通常没有这么灵活。如果你需要一个开发者增加系统的容量，那么这个价格可能会相当高。而之后其他的变化会导致更多的开发费用和越来越复杂的定制解决方案。许多企业发现，当他们创建自己的软件解决方案时，他们实际上是将自己陷入了困境，所以要谨慎对待任何的自助 IT 项目。

流程的改善带来无形的好处

然而，通常情况下，即使在意料之外，提高流程的效率是颇有裨益的。

我们已经讨论了与客户建立和保持关系的重要性。你的公司采用的这些流程会对这些关系产生影响。在底特律三大汽车制造商称霸的时代，这些家庭通常会被称为"雪佛兰家族"或"福特家族"。他们只会开这些品牌的车。归根结底，这就是你想要与客户建立的关系和忠诚。

这些强大的关系，你的企业的声誉，以及与其相关的商誉都是无形的。你很难或者不可能测量他们。而当我们谈到流程时，我们很容易以一些具体有形的术语，如效率、节省成本、投资回报和经营情况的改善等展开讨论。

然而，很多时候，当我们开始追求肉眼可见的、可以评估的流程提升时，它实际也创造出了无形的 —— 但极其有价值的 —— 好处。所以在你计划提升流程时，你需要考虑到这一点。如果你只关注流程提升的即时的可评估的结果，那么你就不会看到全貌。

例如，如果你仅有资金开展一项流程的改进，但你想要去实现的目标却有两项。在你对电子数据表格进行分析之后，你要决定哪一项目标对建立更牢固的客户关系的影响更大。如果没有具体的方法为它赋予权重，那么就跟着你的直觉走，借鉴一下以往的经验。

消费者了解亚马逊是通过它的互联网网页。顺便说一句，它的网站设计从来没有赢得过任何奖项。然而，我们在自己设备的屏幕上看到的它的颜色、布局和图像对亚马逊的成功来说并不是最重要的。它在基础设施、仓储物流营运方面的努力和创新可能才是它最伟大的资产，至少在其电子商务方面的业务是如此。

它接收订单、打包产品以及运送产品的速度和准确度让人震惊。亚马逊已经在运营的许多流程中实现了自动化，并利用机器人处理尽可能多的工作。

消费者并没有看到这一切，但亚马逊精心安排了它的仓储和物流的各个环节，客户可以毫无顾虑地订购产品。如果你处在早期的电子商务时代，那么你就会知道在这个过程中对其产生信任是一个你必须要清除的主要障碍。通过不断改进和创新流程，亚马逊创造了数以百万的品牌忠实网购者，该公司的有形投资在消费者中获得了巨大的无形的回报。

此外，积极主动展示你的领导能力，致力于创新，以及将自己定位为一家正在走向成功的公司，这会培养顾客对你公司的兴趣和忠诚。想要和公认的领导者联系在一起是人类的大性。这从小学就开始了，那时每个人都想和酷酷的孩子一起玩，一直持续到成年都是如此。如果你采取了具体的步骤投资于改进流程，这将使你的公司成为你们领域公认的领导者，你会发现你与供应商的合作会变得更加容易，甚至可能会获得更多的客户。例如，如果供应商意识到你正在成为市场竞争中最大、最重要的一方，他们就会想要与你建立良好的关系。你在流程提升方面的有形投资会带来商誉提升的红利。

在我们结束关于流程是如何强化客户体验的话题之前，我需要指出这个事情的另一面。如果你犯了一个切实的错误，没有投资于流程的提升和创新，那么你的忠诚度和商誉就会受到无形的破坏。

底特律未对能够切实提高汽车质量的流程进行投资，这大大降低了顾客对品牌的忠诚度。以前，许多购车者有一种根深蒂固的、潜意识的态度，他们只会买美国车。未能改进其流程粉碎了人们的这种观点态度。

实用的建议

清楚明了的清单是流程和系统中的无名英雄。你可以在文档化的流程中列出这么一个清单，以确保所有的步骤都是按部就班的。或者可以说创建一个清单是开发 / 文档化流程的第一步。清单会对遗留进程进行标准化。假设你致力于对企业经营的流程进行标准化和改进。（顺便说一下，不要将此仅仅局限在面向客户的流程，它包括所有造成间接成本的内部系统。）让你的团队成员为他们所做的事情撰写一个清单是一个不错的主意。这个简单的步骤至少可以通过以下四种方式收获相应的回报：

促使员工思考他们在做什么

给你可以用来培训别人的文件

向你展示人们实际在做的工作，而不是你认为他们在做什么，这给你提供了一个提高效率的工具

作为一种可实行的自动化的蓝图

在创建了一个清单之后，下一步是通过创建一个更加正

式的进程详述这个流程，使这个流程更加具体化。如果你想使用一个经得住时间考验且几乎被普遍理解的系统完成这一任务，那么请将你的系统建立在这份简单的"食谱"上。

我们都跟进过这份烹饪食谱，所以我们对这个普遍的程式都比较熟悉。当然我们了解这些程式的目的所在。对于任何给定的流程，你需要列出所需的材料，按顺序给出步骤，并收集任何特殊的技巧和观察结果，以帮助试图"依样画葫芦"的人。如果你曾经看过代代相传的食谱，你一定会发现上面各种各样随手记下的笔记，所以除了原作者之外，你要允许其他人对其进行评论和更正。

你在公司的发展中所处的位置，以及你正在处理的流程类别，都将把你引向系统，这个系统是控制充分体现流程的"配方"所必需的。对于一些高级流程来说，正式的文档控制程序是必要的，但是我们在这里讨论的大部分内容是让事情更加简单化，以最有效和可重复的方式完成日常任务的具体细节。在这些情况下，我们的解决方案最好不要太过官僚主义。

我建议你可以尝试创建一个本地的 wiki 捕捉这些信息。现在有很多免费的 wiki 软件包，它们使用起来既简单又有趣。创建你自己的"每日流程 Wiki"可以将所有的东西保存在一个地方，让你对流程的解释进行标准化，允许团队所有成员进行编写，并能让你轻松地滚动鼠标翻看和回顾员工们为了完成工作克服了哪些障碍。一旦你的团队在 Wiki 中很好地描述了他们的任务，这也可以作为交叉培训的工具。

在结束关于流程这部分的讨论之前，让我再分享一点强调记录流程的重要性：如果你打算某天出售你的企业或将其转变为特许经营店，那么拥有一个出色的文档化流程和相应数据的采集将提升你的企业价值，并且让它无论是出售还是准备转为特许经营都要变得容易得多。

1% 的精进

The One-Percent Edge: Small Changes
That Guarantee Relevance and Build
Sustainable Success

第八章　财务精进

如果你不能衡量它，那么你就不能控制它。

——梅格·惠特曼（Meg Whitman）

当美国从技术上摆脱我们现在所说的"大衰退"（Great Recession）时，我读到一份报告，报告上说，将近一半的企业主和企业领导者认为，经济形势正在阻碍他们企业的发展。这是真的吗？我不记得还有什么时候人们不去抱怨经济的。拥有 1% 精进的公司懂得如何赚钱，并在任何经济情况下都能与时俱进。他们是如何做到的呢？他们在倾听这些数字告诉他们的故事。

我们是否对我们的财务状况进行了深入的研究，以此真正地了解公司内部所发生的事情？

利润率在下滑吗？如果是的话，有没有办法在为时已晚之前改善这种情况？

我们是否有可以转化为收益机会的过剩产能？

我们的定价是否合理，还是定价过低？换句话说，我们是否一直只在价格上竞争？

外包能改善我们的整体财务状况并为我们的运营提供极大的灵活性吗？

我们了解最能给公司创造利润的客户是哪些吗？我们是否在关注他们？

我们是否正在犯依靠过去的财务数据做出实时的决策的错误？

我们对获取客户成本和客户终身价值有一个正确的了解吗？

我们是否对人才进行了正确的投资？

我们是否过于关注营收增长（为了增长而增长），而损害了我们基本运营的健康？

不幸的是，各种规模的公司企业领导者目光短浅，他们只关注收益和利润。令人担忧的事实是，你的公司可能有赢利，但因为你没有深入地了解是什么推动和妨碍了你的收益，你的公司可能会错失一些很好的机会或者造成赢利率的下降。你可能会惊讶地发现，你最好的客户或者你最受欢迎的产品可能实际上正在耗费你的资金。记住，你可能需要开

除以下客户:

占用太多时间

制造混乱

经常拖欠

总是要求特殊待遇

开除客户很显然不是你想做出的选择,但这可能是必要的。然而,如果你不去关注你企业的财务细节,那么直到它严重到必须引起你的注意时,你都不会意识到这一情况。

如果你未能查看正确的财务数据,这可能会导致企业的失败。想想我所讨论的许多公司,它们虽然创造了收益,但却未能意识到自己正在走向灭亡。企业领导人可以利用财务数据让一切看起来不错,而实际上,企业正处在勉强求生的境况。

以下是一些你应该衡量并熟悉的数据:

活跃客户和回头客的数量

转化率

客户获取成本

每个客户的平均收益

终身价值

流失率

推荐人数

现金和现金流量

网络流量分析

库存周转率

利润

客户集中度

内部成本

净绩效分数（NPS）

利润之轮

为了分析你的收入来源，你需要创建一个利润之轮。在每个产品上用颜色标出它占销售份额的百分比，然后再看看利润率。你的团队是否把大部分时间花在了推广低利润产品上，而一个高赢利的产品却只占了销售额的一小部分？（除了这个利润分析之外，回顾一下我在第七章"流程精进"中讨论的时间跟踪。如果低利润的产品占用了你的团队太多的时间，让你的团队无法专注于更有利润的产品，那么这种情况也应该考虑进去。）

你可以在利润微薄的情况下降低产品的成本结构吗？市场可以承受你的低利润产品涨价，还是需要你在价格上进行竞争？怎样才能将重心转移到利润率更高的产品上？这个产品的市场是否足以支撑你的企业？最后，在你看来，这个低利润率产品会面临哪些威胁和风险，这些威胁和风险可能会导致更严重的赢利率下降？

在你决定砍掉一个低利润的产品或服务之前，思考你可以改善这种情况的方法。技术是否能让它的产品交付更具成本效益？是否有能让生产这些产品或服务的某些工作自动化以降低成本的方式？正如我在前一章提到的，技术正在帮助诸多行业，这些行业正在降低其成本率提升它们的赢利能力。

你考虑过你的分销流程吗？如果你正在通过销售代表或实体店直接向客户销售产品，那么你能将你的销售转移到电子商务平台吗？许多品牌，如开市客（Costco）和史泰博，都有网上专卖的产品，这些产品只可通过线上购买。这减少了门店的存货量，从而提高了利润率。

任何公司都可以使用第三方物流配送公司（亚马逊的物流配送是其中最受欢迎的）或者使用转运配送，实现成本节省。

许多规模较大的公司都是根据客户销售额的大小划分客户群的。销售额较小的客户群可能会由线上帮助或呼叫中心提供服务，而对于销售额较大的客户，企业会派个人代表满足他们的需求。这样的结构可以让你维持较低利润的业务，而同时不会损害为那些利润丰厚的客户提供的服务。

如果你通过销售代表进行销售，那么无论这个代表是作为雇员还是独立承包商，你都需要支付佣金，你可能需要看看你的绩效考核比例，销售低利润的产品远比销售高利润的产品容易。因此，你要鼓励他们多去销售利润率更高的产品。

你可以提高价格吗？很显然，提升价格有助于缓解利润率的降低，但如果你失去了业务，那可能是一场灾难，甚至会更糟，导致亏损。你们所提供的产品在价格上具有竞争力吗？如果没有的话，那么你能否重新定位，给这个产品提供另外的价值定位，让它的价格上涨合情合理？

你上一次审视供应商的定价是什么时候？如果你已经有一段时间没有重新拟订合同了，那么现在是时候重新衡量了。通常供应商都会有新的、更实惠的报价单。此外，如果你的购买量增加的话，你也应该有资格获得批量折扣。

你能向你的客户追加销售吗？我使用了几种基于云计算的服务，它们要么是免费的，要么就是有很低的入门价格。然而，要获得附加功能，你需要订购高价的产品。

想想亚马逊运用算法销售更多产品的方式。当你在网上订购某样东西时，在你结账之前，它会向你推荐其他人在买同样东西时会购买的其他物品。Vistaprint 是另一家擅长追加销售的公司。最近两次我订购了名片，结果我买了一些额外的东西，比如一个印有我标识的咖啡杯。

如果这些建议都没有什么用，那么是时候考虑要不要减少无谓的负担了。然而这个决定不能凭空做出。也许你会有留住这个产品的很好的理由。例如，在麦当劳，汉堡是一个低利润的商品，而炸薯条则利润更高。然而，麦当劳并没有将汉堡从菜单中移除，因为不少顾客都是冲着汉堡而来。

当企业利用赢利市场的资金支撑亏损市场时，它就会失去其立足点。当然，如果这是一个新的业务领域，那么这在一段时间内是合理的。但是，你要决断出一个分界点。这就是为什么 1% 的精进流程需要不断地评估。当你制订了计划，你就决定了如何衡量你的成功。定期、及时地回顾你的目标可以让你在需要时准备好做出相应的调整，或者让你知道是否是采取另一种策略的时候了。永远要记住：不要花冤枉钱。

话虽如此，我在工作的早期就认识到，大幅削减业务并不会推动企业走向繁荣。它可能会提升你的净利润，但是对于发展来说，它并不是一个长期的、具有创新的解决方案。让我们面对现实吧，你能从预算中削减的无用开销是有限的。此外，创新公司应该投资于改进和提升环节。如果你的资源被削减到最低限度，那么你将不具备抓住新的机会的能力。

收益递减点

我曾与一些公司合作过，这些公司制订了发展目标，他们的经理都知道他们必须采取任何手段实现这些目标。他们强调营收增长，尽管这些公司的净利润会有所下降。为了增长而增长并不能确保企业的可持续性及与时俱进。公司应该警惕通过扩张场地或者收购超过收益递减点的其他业务推动企业发展。

高效的公司会依靠提升运营推动现有参数范围内的销售增长。换句话说，他们是通过降低费用增加收益的。这听起来很简单，是吧？但不幸的是，许多企业的领导者在追求营收增长时忽视了这一点。最终，当这一点爆发时，企业就会崩溃。

在 1% 的精进流程中，你必须审视你当前的销售和生产力，并在做出重大决定通过其他方法推动发展之前，你要弄清楚为什么增长会停滞或有所下降。你是否可以引入新的产品增加收益？你的人员配备是否太多？是否有实现服务自动化的方法？

市场的同类相食

首先，让我从我的角度解释什么是同类相食。一般来说，它指的是价格较低的新产品吞噬现有高价格产品的市场份额。作为一种发展战略，企业经常引入新的产品，这最终会与现有的产品产生竞争。换句话说，它们和自己竞争。这种策略很有成效，但是必须仔细地监控和评估财务指标。这样做的风险在于，新的低价产品可能会拉低其他产品的定价，降低整体的赢利率。

柯达的高管不敢引进数码摄影技术，是因为担心这会吞食其利润更高的核心业务。而当他们决定将其引入市场时，却为时已晚。类似地，博士伦（Bausch & Lomb）发明了软性隐形眼镜，但未能将其投放到市场，因为该公司不想失去销售硬性隐形眼镜所需护理液这一利润丰厚的业务。结果就是，强生公司（Johnson & Johnson）大举进军软性隐形眼镜市场，而硬性隐形眼镜市场便消失了。

当你看到一个适合你市场的低价新产品的机会时，你应该认真评估。如果你不抓住这个机会，你的竞争对手或是一家精明的初创公司很可能就会抓住这个机会。

当面临这种困境时，你要考虑你的市场规模和你产品的市场份额。同时，你要考虑产品的平均销售价格和毛利率。然后估算一下你的新产品的毛利率和大致的市场份额。对于这个新产品，有多少业务会来自你目前的高收入客户群？如果你的新产品接触到的客户类型与你当前产品接触的客户类型不同，那么你的风险是最小的。然而，如果你的评估显示新产品会严重影响到你当前业务的销售，那么这可能不是一个明智的决定。

在你分析这些机会时，要记住你的目标是提升利润，而不仅仅是增加销售额。减少赢利产品的市场份额以及整体利润率的降低意味着企业的消亡。

了解你的最大产能

几年前，一位企业主推出了一款看起来像南瓜的垃圾袋产品。对于临近万圣节的秋天来说，这款产品是一个完美的选择，此时许多房主都在用袋子收集树叶，然后把它们放在路边等待垃圾车把它们拉走。在他推出该产品后不久，沃尔玛就将其收购了。这确实是一个激动人心的时刻，直到他无法满足销售需求，最终这个企业失败了。

了解你的最大产能对你的计划、销售团队和客户体验都很重要。就在 2016 年圣诞节前夕，我买了一台 Amazon Echo。我很喜欢，于是决定买一对作为礼物送给家人。然而，当我试图订购时，我发现商品要到 1 月底或 2 月初才有货。苹果或亚马逊等大品牌或许能够在无法满足客户订单的情况下生存下来，因为它们拥有独特和创新的产品，但中小型企业就不行，它们的客户会去别的地方购买产品。

对于一个服务企业来说，当你接收新的客户时，你要有能力为他们提供服务，这点很重要。然而，你很容易不考虑自身的资源情况就承担尽可能多的业务。我曾与一些人共事，他们总是在为错过最后期限找借口。似乎只有在你抱怨服务不够好时，你才会引起他们的注意。

将过剩产能转化为创收的机会

如果你的企业是基于产品的，那么当你的产出没有达到最佳水平时，就会出现产能过剩，这是需求不够所导致的。对于服务型企业来说，这意味着你会有停工期。一些公司利用过剩产能为客户提供特别的促销活动，并在月底前获取更多的销售额。我看到许多公司通过 Groupon 这样的平台消化它们的库存。

优步利用过剩产能的方式很有趣。司机不是所有时间都有顾客可以接送，所以在 2015 年，该公司推出了 UberEATS，一个从当地餐厅订餐的独立平台。

印刷公司可能会分包竞争对手的工作，也不会让自己的印刷机闲置。多余的办公空间也可以出租给另一家企业，以分摊成本，甚至那些闲置的设备，也可以与另一家公司共享，以充分利用资产。

作为一个演讲者，我的产能也是过剩的，因为我没有每天都被预定。我的朋友基思·阿尔珀（Keith Alper）创立了一家名为 Geniecast 的公司（披露一下：我是该公司的投资者）。它的使命是改变世界连接人、思想和灵感的方式。Geniecast 拥有令人印象深刻的思想领导者和主题专家菜单，他们可以通过其互动视频平台预约出席活动。例如，我就被预约在得克萨斯州州长关于小企业的会议上发言。通过使用 Geniecast 技术，我能够在家里与听众进行交流，并且与所有的听众保持良好的互动。演讲者可以接受较低的出场费，毕竟他们不需要长途跋涉，而且这吸收了他们的一些过剩产能。该公司的口号是"任何人、任何地方、任何时间"。

你的公司如何将其过剩的产能转化为货币，以提高营业收入和净利润？

不是所有的销售都有利可图

　　每个企业都需要销售。然而，并不是所有的销售都有利可图。为增长而增长并不会自动地实现企业的可持续性。密切关注推动企业发展的数字，使你能够在公司的资源和产能之间权衡。如果你没有足够的能力应对，或者销售定价不合适，又或者未能销售给合适的消费群体，那么追求过快的增长会让企业巨轮加快沉没。

现金为王

　　亚马逊的现金创收能力让美国造币厂都嫉妒不已。你们的企业在这方面做得怎么样呢？ 如果你觉得你们做得还不错，但是你在发工资或应付账款时却问题频频，那么你需要认真看看你的现金流。有一个指标可以帮助你衡量当前状况。它也会帮助你找到需要改进的地方。

　　你的企业产生现金的能力可以用被称为现金转换周期（CCC）的数值进行衡量。现金转换周期的公式换算有三个基本的步骤：

1. 从你手头的库存天数开始。

2. 再加上顾客付钱给你所需的时长。

3. 减去你付钱给你的供应商所需的天数。

这个数字较低，就意味着你的现金流比较好。亚马逊最近的 CCC 数据让人不敢相信。（我马上就会分享这个数据。）如果你思考这个公式的话，你就会发现，把大量现金投入存货和应收账款中是糟糕的，而尽可能长时间地推迟支付货款则对你比较有利——这并不是什么高深莫测的事情，但是你要对此有所了解并学会控制这些数值。

贾斯汀·福克斯（Justin Fox）在《哈佛商业评论》上就此话题撰文称，像沃尔玛和开市客这样高效零售商的 CCC 值只有个位数。但是这和亚马逊的数值相比的话，简直不值一提，后者在 2013 年的 CCC 值为负 30.6 天。苹果就更厉害了，得分为负 44.5。换句话说，他们没有太多的存货，他们能以闪电般的速度收到客户的支付款，而且他们能够很好地拖延支付货款。

这是一个简单好记的公式，你可以在你的企业中运用它。但是除了衡量现金之外，更重要的是把它当作对你企业管理情况的一种衡量。

坦白地说，你不能完全地掌控销售量，但一般情况下，CCC 公式中的每个因素你都能控制。你应该能够控制你的库存，你等待付款的时间，以及你能够拖多久才向你的供应商付款。

你的目标应该是尽可能降低你的 CCC。此外，还要时刻关注它。我们很容易就会忽略这些因素。如果你不关注这些指标，你的库存可能就会积压，客户付款可能会延迟。忽然，你就会陷入现金流危机。

这个分析也适用于服务行业。我之前就说过，而且这是事实：有时你需要放弃一个客户以优化你的财务和企业的发展。要建立一个可持续发展的公司，总有"少即是多"的时候。你应该分清这些时刻。

很多时候，企业主和企业领导者都寄希望于通过降低价格增加销售额。然而，他们的营业收入可能会增加，但是公司的净利润却有可能显著地下降。服务企业经常成为这种低价策略的受害者，因为他们没有零售产品可供出售。然而，在服务行业，你要考虑的不仅仅是你的商品成本，还有软性成本，比如你的时间。

我过去常常抱着一堆优惠券去梅西百货购物，这让我感觉他们几乎是在付钱让我把这些东西带出他们的商店。在我购买打折商品并使用我的优惠券时，这些商品几乎是免费的。但是这对于梅西百货来说并未为它建立客户忠诚度。以我为例，我等到有了足够的优惠券才会去购物。你可能知道，梅西百货在 2016 年宣布要关闭数百家门店。该公司的新首席执行官已经表示，他将停止发放大量的清仓商品的优惠券，而是将所有标有最终价格的清仓商品放在店里一个名为"最后活动"的区域里。梅西百货的品牌在市场上受到了损害吗？客户对这个改变会做何反应？没有优惠券，顾客会去别的地方购物吗？

类似的问题也发生在像 Groupon 这样的公司，他们利用亏本交易吸引顾客。这种特殊的促销活动可能会带来销量的激增，但这并不意味着这些顾客会再次光顾。保持价格的一致性和客户参与度才能让顾客再次光顾。

适当的定价

1% 精进要求你根据你的产品 / 服务定义你的独特价值。

当你的企业价值被明确定义时，就没有必要降低价格。你的客户会为这个价格埋单，因为他们知道无法从其他地方买到你的产品。如果你开始在价格上竞争，你就会失去市场上的优势。

为了更好地理解定价，让我们先想象一下漫步于沃尔玛和萨克斯（Saks）第五大道精品百货这两家零售商的走道里。这两家公司都是它们市场里的佼佼者。以下的内容并不涉及对其中任何一个的批评。我们做出这么一个想象是为了观察人们在涉及价值时的行为和心理。

在一天里的几乎任何时刻，我们只要走进沃尔玛，都会看到很多人在里面购物，但是如果我们在里面待得够久，并且善于观察的话，我们就会注意到，有一些被遗弃的购物车以及一些被挑选好似要去结账的衣物被随意地弃置一旁。

沃尔玛的员工能很快将这些被遗弃的商品复归原位，但这些情形的确已经发生了。

如果我们同样在萨克斯精品百货闲逛，我们要寻找的是那些顾客有意向购买，但后来改变了主意，被顾客漫不经心地扔在了一边的衣物。你在萨克斯百货找到什么被遗弃了的商品吗？我是没有看到过。

　　我想说的是，从心理上来讲，人们在采取初步行动购买高价值的物品后，他们是很难放弃它的。那些价值较小的商品是无足轻重的。便宜的东西与我们的心灵实现不了同样的联系。

　　当你在设定价格时，理解这一点很重要。价格较高的商品会给顾客带来更大的感知价值。通常你会听到高价的产品或服务会被称为一种"投资"，而不是一次"购买"。如果你考虑购买一个几千美元的培训项目，你就是在为你的成功投资。但如果你以35美元的价格报名参加研讨会或网络视频研讨会的话，那么即使你不出席也没什么大不了的。这同样适用于在高端零售商买衣服，这被称为穿着投资。

　　这听起来是不是有点反常？你不妨这样想：一个没有1%精进的企业主想要增加企业的收益，于是她决定通过打折吸引更多的顾客或客户。她开始通过社交媒体或电子邮件营销传播这个消息。她会分发优惠券，甚至可能会注册像Groupon这样的日常团购公司。短期内，她的策略可能会奏效。她可能会看到企业的销售额略有增长，但是当这次的打折销售结束后，顾客们就又都弃之而去。

　　价格竞争不是一个可持续的商业策略，因为通常总会有人愿意以更低的价格提供相同的产品或服务。我提到过我的一个朋友在电子商务的早期在网上卖书。他努力提高效率，使公司能以极低的利润率销售最近出版的书籍。这促进了公司的赢利。

然而，一天早上他醒来发现，一个资金更为雄厚的竞争对手已经开始以低于成本的价格销售最近出版的书籍。这使得他的公司又陷入了赤字。单单进行价格竞争往往会导致消耗战。

提供低价还有另外一个缺点：你可能会被视为一个"廉价"的企业，而不是一家以高质量产品或服务为买家提供真正价值而著称的公司。你唯一能找到的客户是那些一直在寻求可能的最低价格的人。你根本无法与这些消费者建立起长久的关系。他们忠诚的代价不过是省下几块钱而已。

凯马特和沃尔玛都成立于 1962 年，但它们的故事截然不同。凯马特一开始表现很强劲，而沃尔玛最终成了市场上首屈一指的折扣商。凯马特一直试图仅在价格上与沃尔玛竞争，而这一策略导致它在 2002 年破产。博思公司（Booz & company）的合伙人保罗·雷万德（Paul Leinwand）指出："如果没有明确的经营方式和支持这种方式的能力，一家公司就无法真正实现达到超越自我，最后超越竞争对手所需要的连贯性。"

然而，另一家大型折扣零售商塔吉特公司，它通过定义自己的利基市场，成功地将自己与沃尔玛区分开来。塔吉特为顾客提供了一种略微高端的体验，但同时又提供与沃尔玛低价相竞争的价格。塔吉特公司能够在一个竞争非常激烈的行业中开辟出一个有利可图的利基市场，这非常值得称赞。

三星和苹果之间的智能手机大战是另一个很好的例子。如果你浏览一下那些商业或者科技网页（或博客）的标题：

三星在智能手机市场继续压制苹果。

——科技资讯网 CNET

三星拉开了与苹果在全球智能手机市场上的差距。

——MacRumors

第四季度，三星的手机销量再次轻松超过苹果。

——美国商业杂志《快公司》

但这只是故事的一部分，可能还不是最重要的部分。《连线》杂志的一个标题——"苹果并没有占据所有手机市场份额，但它赚足了所有的钱。"告诉我们什么是重要的部分。苹果在高端智能手机市场占据了主导地位。与三星相比，它每台手机的利润空间要大得多。

三星可以看着自己的销量飙升，但仍然无法企及苹果所处的令人艳羡的地位。它面临的挑战是找到一种方法，让它能在高端市场上占有更大的份额。

外包的经济效益

如今，各种直接或间接的劳动力成本外包比以往任何时候都要容易得多。如果你是制造商，你可能对在中国或者其他地方开店或承包工作有所了解。然而，互联网创造了一种能力，让你可以以更低的成本雇用各式人才，这会比你花钱雇人完成你在公司内部的工作要低得多。

你的首要任务是找到可以利用这些更低成本的领域。很多技能，比如数据输入、电子表格创建、社交媒体发布、日程安排、写作、平面艺术、研究、翻译、网站管理、行政工作、客户服务、法律服务、数据分析和软件开发通常都可以通过网上合同关系获取。一般来说，低成本的合同工都来自海外。例如，菲律宾近年来已经成为"虚拟助手"的一个重要来源。

有一个极其重要的原则：不要为了外包而外包。你需要有一个目标。你可能想要降低企业财务里的工资支付所占的百分比。你需要花一些时间与自由职业者和其他外包服务提供商建立起正确的关系，然后在获取信任后再拓展你们之间的关系。

为防止错失良机而外包

正如我刚才概述的，外包的重要结果是降低工资成本占企业的百分比，但你需要注意一个重要的问题。

你的公司内部团队应该是具有高价值的玩家。当你让他们核算他们的时间，给他们所做的各项工作进行相应的价值评估，那么其中一些任务的价值将明显低于其他任务的价值。你外包的目的是把那些低价值的任务分配给一个低报酬的合同工。然而，最终的结果不能仅仅是减轻团队中具有较高价值的内部员工的负担。你需要将外包给合同工工作所空出来的时间，让你的员工完成更有价值的任务。

因此，在你确定出那些想要移交海外的低价值任务的同时，你需要指定具有高价值的任务填补你在公司内部所造成的空白。如果你找不到更好的方法投资内部团队的时间，那么雇用海外合同工将会导致一个与预期结果相反的后果：你只会在日常的开支中增加另一项劳动力成本。

1% 的定价因素

尽管公司花费数百万甚至数十亿美元开发或收购他们的产品，但他们对产品的定价总是过低。试想一下：如果你只提高了 1% 的价格会怎样呢？除了递增的税收外，你不会产生任何额外的运营成本，所以这些额外的美元将直接进入你的净利润中。利润的增加取决于你公司的规模。你可以很容易地计算出 1% 的收益增长的合计数目，然后减去税收，你就会得到你的净利润数值。那么，你的企业可以用这些额外的收益做些什么呢？

你可能有一些很好的制订低价的理由：比如你想进军一

个新的市场，增加企业的市场份额。但是数据不会骗人。从麦肯锡公司对标准普尔（S&P）1500 家公司的分析来看，如果你与最优的定价仅差 1%，就能导致近 10% 的利润差异。

在你的企业中，有各种各样提高定价的方法。首先，你可以从全面提高价格开始，不要害怕如此做。我认识一对开小旅馆的夫妇。丈夫一直不愿意提高价格。但妻子截然相反，而且争论下来通常是妻子赢。然而，丈夫很快就认同了这一做法，因为他们从来没有因为涨价而失去生意。

如果你能够对以下几点进行思考，并利用它们做出你的定价决策，你便能够获得最大的收益：

> 消费者对你的定价了解多少
>
> 你相对于竞争对手的价格定位
>
> 你相对于竞争对手的特色所在
>
> 不同的细分市场，包括利基市场的消费者

合理定价

当你清楚地定义你的产品或服务给市场带来的价值时，

你就能更好地找到合适的定价。你需要在你的内部框架之外分析你的定价。你可能知道你的产品将会为终端用户降低25% 的成本，这是你分析定价的起点。向你的客户提出开放式的问题，了解他们如何感知产品的价值，以及他们愿意为这个价值支付的价格。

客户赢利能力

你可能还记得我建议你的企业应该创建一个产品的利润之轮。同样你需要一个对客户赢利能力的评估，但在获取该信息时存在一个问题。大多数传统的核算体系计算的是产品毛利率。因此，对于同样重要的与客户相关的一些费用，如分销渠道、销售、客户服务、信用和营销费用，管理者们经常会予以忽视。你的营销和销售团队可能已经在直觉上感觉到了哪些客户产生的利润较低，但是他们缺乏定量的证据支撑他们的这一看法。

在你的行业保持企业的与时俱进并不仅仅意味着销售，而是向正确的客户进行有利可图的销售。你的计算系统使用的可能是客户的平均赢利率。从这个角度来看，你的企业看起来会很健康。然而，你的企业可能存在那些会耗费你资金的顾客。

如果你还没有从你的财务部门得到这方面的信息，你应该要求他们提供这些信息。有了这些信息，你就可以对客户做出不同的分类处理。

不要错失获取最大利润的机会

我母亲总是告诉我，在谈判购买或出售某个东西时，如果对方一开始就同意了你的价格，那么你就失去了获得最大利润的机会。麦肯锡公司的一份报告显示，企业在向市场推出新产品时，往往会获得最大利润的机会。所以，让我们看看一旦你实现了收益来源的多元化，你应该向何处发展。

是否使用了错误的定价方法

公司经常使用成本加成法或者增量法确定新产品的价格。如果使用增量法的话，你只需看一看去年的产品定价，然后在新型和改进的产品上稍微提高点价格。然而，如果今年的产品真的是新款和彻底改进过的，那么消费者会认为这些改进值多少钱呢? 我们很容易低估一款产品的价值, 要么是因为你站得太近而不能远观大局, 要么是因为你深陷对竞争的恐惧。

创造和识别价值

基于价值的定价会让你的净利润得到显著的提高。它也会对你开发新产品和服务的方式产生影响。但是, 相比于成本加成法或者增量法, 建立一个好的基于价值的定价体系要更为困难。问题就在于你必须衡量买家的看法。

例如, 如果你提供一个自动化的解决方案, 这可以让制造商将装配线的速度提高 10%, 那么这是否仅仅保证了在现有的技术下价格可以提高 10%, 还是这对于制造商来说更具有价值? 在这种情况下, 也许这些节省下来的时间为终端用户提供了一个新的机会, 所以整体的好处是运营成本的减少加上新经营项目所带来的收益。

季度报告的灭亡: 关键绩效指标

先进的战斗机 —— 现在甚至部分豪华汽车 —— 提供了一

个"抬头即见"的仪表显示盘。它能使飞行员和驾驶员除了看到挡风玻璃之外的景象，同时又能看到所有重要的仪表盘。

照此类推，你也应该有一个关键绩效指标（KPI）的仪表盘，在你每日忙于经营自己的企业时，你可以看到它。

这就给我们带来了一个重要的问题：不要等待季度报告。你的KPI仪表盘应该至少每月为你更新一次，而且最好每周、两周或者甚至每天更新一次。如今企业配有计算和库存控制软件，这应该是可能的。如果你只能保证每个季度审查这些数字，那么你就相当于眯着眼睛看后视镜导航。

质量保证的一个基本原则——如果你无法评估它，你就不能控制它——通常适用于企业。你要确保你能够准确地生成了解你企业状况所需的所有重要指标。如果没有这些信息，或者信息不正确，你就会做出错误的决定。

现在让我们列出一些关键绩效指标帮助你评估、控制和促进企业的增长：

终身价值（LTV）。你需要知道你的客户对你的公司有多大价值。这将有助于未来需要你做出的各种决定。

客户保留和客户流失。你能维持你的顾客多久？你至少要关注两个时间节点上的数字。它们分别是 30 天和 90 天。
当顾客似乎在 30 天内都流失了，那么他们是否还会在 90 天
内留存？

客户获取成本。你的企业获得一个新的客户要花多少钱？
将其与客户终身价值进行对比。如果新客户获取成本接近或大
于终身价值的数值，那么你就需要重新开始规划。另外，你的
客户保留成本是多少？何种因素对维持顾客的忠诚度有效？

通过产品或服务所带来的销售或收益。这里有一个需要
你尽可能密切地实时监控的东西。了解企业在售的是什么，
哪些是没有在售的，这能让你更好地控制库存，找到提高价
格的机会，以及知道何时应该大甩卖。

你的成长与你所在的行业的发展。在增长方面，你是持
平、落后还是领先于你的竞争对手？你可能会满足于 3% 的
年增长率。但如果其他人做到了 5% 的年增长率，那么当那
一天来临时，你将很难出售你的业务。

确定客户价值

因为我在与各种规模的企业合作，所以我开始审视它们

的内部分析。当小公司不知道如何确定客户价值时，我并不感到惊讶，但我合作过的一些大品牌竟也无法回答这个问题，了解客户的价值对于敏捷地做出决策至关重要。

如果你想要确保长期的成功，你必须正确地平衡以下两个数值：

客户获取成本（CAC）

客户终身价值（LTV）

就像我之前说的，如果客户获取成本大于客户终身价值，那么你就有大麻烦了。是的，这很明显，但事情没那么简单。如果你的企业刚起步，或者因为其他原因没能获取足够的财务数据（销售和营销）——也许是你的记录保存得不够好——那么企业就像是在黑暗中运营。

在刚起步时估算这些数字是很有必要的，但一旦你开始营销、购买商品并开始销售，你就必须有一个稳固的系统获取以及正确划分你的收益和支出。如果你如此行事，你便能够正确计算出 CAC 和 LTV。有了这些数据，你就可以在前进中做出明智的决定。让我们看看这两个重要的指标是如何计算的。

CAC 的计算公式

CAC 就是在一个给定的时间段内获取一个新客户的所有成本 —— 基本上是销售和营销成本。如果你在一个月内获得 100 个新客户花费了 100 美元，那么你的 CAC 便是 1 美元。

一旦你的企业开始运作，这个算法是相当简单的。然而，有时也会出现不正常的情况。例如，如果你正在开启一项新的业务，你可能会在一开始时投入额外的资金进行市场营销。

LTV 的计算公式

正如在第三章中所提到的，计算 LTV 的最简单公式就是将三个数值相乘：每个客户每笔销售产生的价值（净利润），一年内该客户的销售总笔数，客户保留的年限数（如果客户不到一年就流失，这个数值就会是一个小数）。公式如下：

$$LTV = 销售价值 \times 销售数量 \times 客户保留年限$$

如果你的 CAC 与 LTV 大致相等，那么你的营销努力就不会得到回报。得到这样的信息是在告诉你需要：

　　增加 LTV：追加销售，提高价格，提供高价项目，延长客户的留存年限

　　削减或优化你的营销预算：自动化，更好地细分市场，找到正确的渠道等

　　同时执行以上两项

为你的决策构建 LTV 模型

　　一旦你的 CAC 和 LTV 模型收集了良好的历史数据，你就可以更好地判断企业发展的时机。LTV 与 CAC 的比率为 3∶1 通常被认为是比较好的。（最终你需要确定最适合自己企业的 LTV 数值。）如果你发现公司的表现优于这个数值，那么你可以考虑拿一些你赚的额外的钱投入你的企业中，以壮大你的客户基础。

　　这个事情的另一面是，如果你注意到了你的比率在下降，那么它就是一个很好的预警信号，告诉你有些事情可能正在损害你的企业。这些事情可能是你的产品或服务正在变得过

时，客户正在以比以前更快的速度流失。

如果你拥有良好的 CAC 和 LTV 数据，你便能够更好地理解企业中所发生的一切，并做出必要的中期修正以保持企业的强势增长。

净绩效分数（NPS）

NPS 是一种管理工具，它可以让企业领导者衡量客户的忠诚度。《财富》1000 强中有超过一半的公司采用了这一衡量标准。这个分数是通过询问客户一个简单的问题而得出的：您向朋友或同事推荐我们公司、产品、服务的可能性有多大？按受访者的回答，分数为从 0 到 10，0 表示极不可能，10 表示极有可能。

得到 9 分或 10 分的客户会被认为是你企业的推广者。人们普遍认为，这些客户会购买更多的产品，与企业合作时间会更为长久，并向你推荐其他业务。那些回答为 0 或 1 分的客户就是那些诋毁企业的人。而回答为 7 或 8 分的客户则被认为是被动型。NPS 的计算方法是，推广者的数量减去诋毁者的数量，然后加上被动型客户的数量，最终求得加权平均值。

公司通常会采用一个开放式的问题，让客户对他们的评估进行详细的说明。一旦这些评估确定了下来，那些推广型客户应该得到更多关注，因为他们是你企业增长的驱动力。你可以积极回应负面评论将诋毁者变成企业的忠实粉丝。所有企业，无论规模大小，都应该能够相对容易地定期跟踪和回顾它们的 NPS。你可以跟踪品牌整体的 NPS，也可以按产品、客户，或地理区域细分。将 NPS 分析视为公司的客户资产负债表。你的目标是让支持你的人数大大超过诋毁批评你的人数。

大品牌可能会使用复杂的软件程序或将 NPS 分析外包给其他公司。如果你领导的是一个较小的企业，那么也不要绝望。网上调查工具可以帮助你很好地了解你的公司在客户心中所处的位置。如果你不愿意自己统计这个分数，那么你可以在网上找到免费的计算器，比如 http://www.npscalculator.com/en。

人才投资

正如我在第五章"人的精进"中所讨论的那样，找到合适的人才创建一个实现 1% 精进的企业是至关重要的。在人才管理方面做得最好的公司能享有最大的成功。然而，在当今的市场上，人们对优秀的人才如饥似渴。此外，员工的忠诚度也大不如以前。在美国，高端人才相对稀缺，因此，各种规模的公司都倾向于聘用那些不是最优秀的人。小公司比大公司更容易犯这种错误，因为大公司有更多的资金和有吸引力的福利。

从财务的角度来看，有一个关于投资于正确人才的现实：根据麦肯锡公司的一项研究，高管人员发现"明星员工"——前 20% 左右的最佳经理——能比一般的管理者更有助于提升运营效率、利润和销售收益。尽管明星员工所要求的薪酬更高，研究人员指出，多支付额外的 40% 雇用明星员工可以在一年内产生 100% 或更多的回报。容忍表现不佳的员工会让你的公司损失一大笔钱。

客户集中度

俗话说"不要把所有的鸡蛋都放在一个篮子里"，除了复活节，这句话在一年中的每一天都是正确的。你要认真地对待这条建议，尤其是在数字化信息时代，产品的生命周期和客户敏感度比 10 月份佛蒙特州的树叶变得还要快。可悲的是，我见过一些公司因为他们的领导者没有关注到客户集中度而倒闭了。如果你的业务很大一部分来自一个客户，那么这是一个严重的危险信号。当你决定出售公司时，你也会遭遇失败，因为它会显著降低企业的价值。

回到你的利润之轮上，看看你的产品组合。是否只有一个收入来源是你唯一的王牌？想想你的投资组合。你不会把所有的钱都押在一只股票上吧。要是那样就太愚蠢了。同样的道理也适用于你的企业（回顾第四章"产品精进"）。多元化的收入来源可以让你笑对市场的起起落落。如果你的一个细分客户群或产品开始失利，那么你的企业也能够重新调整并正常地运行下去。

好莱坞影视（Hollywood Video）和百视达（Blockbuster）把所有的钱都投在了当地的录像租赁业务上。前者已经完全倒闭，而后者也日落西山。你并不希望你的企业也发生这样的事。这个问题的答案可以有很多种，但对于这个问题，回答起来容易，实施起来就没那么容易了。你需要认真思考这个问题，并发掘企业中最具创造力的思维。

　　首先，识别吸引新的客户的机会。给你的产品或者服务增添特色，让它们吸引不同的消费者群体。Springer Equipment 公司销售铲车，当它意识到铲车配件回收市场的巨大前景时，该公司开始在废料场拆卸齿轮，并将备用零件放入零部件库存备用。

　　以下是一些吸引客户的方法：

　　找到相关联的产品。 是否有和你卖的产品配套的产品或服务？也许你也可以提供一些相应的培训材料。例如，一家医疗设备公司在不断为其设备提供培训和支持方面发现了新的利基市场。最激进的一个策略便是收购一家生产与你公司领域相关产品的公司。如果你能成功，你的业务会变得多元化，你也消除了市场上一个潜在的竞争对手。最近我们看到过很多这种例子，比如脸谱网和亚马逊这样的公司。

　　提供一体化的解决方案。 这源于之前的观点，你需要问自己和团队成员一个基本的问题："我们还能做更多的事情吗？"这可能是任何事情：培训、云服务、应用程序、附加设备、监控、服务 —— 有无穷无尽的可能性。

　　弄清下一步要做的事情。 技术变革是否开始侵蚀你的根基？不要成为行业里最后一个知道未来走向的人。将你的部分业务用于满足早期新技术采用者的需求，如果有重大变革发生，你也能做好准备应对。（还记得前文我说过的关于柯达的故事吧，它对数码摄影视而不见，没能意识到自己不是一个做照片打印的企业，而是一个在讲故事的企业。）

网上销售。如果你不是通过互联网提供你的产品的话，那么去你的网站上添加一些电子商务的元素，丰富你的销售渠道。如果你已经在网上进行销售了，那就多在网上销售。去看看像亚马逊这样的大型电子零售商的销售品类。考虑建一家亿贝店铺，特别是你的仓库里有各种积压商品时。与其将它们的价格降至地板价，或者和新的产品削价竞争，还不如将它们放到亿贝店里出售。

创建分店。如果你只限于网上销售，那么你可以考虑开一家实体店丰富你的销售渠道。如果你已经有了一家实体店，那么你是否要再开一家呢？

发展海外市场。并不是所有企业都具备开展海外业务的必要资金。现在，这些大企业正把目光投向非洲，正如 10 年前它们盯着亚洲一样。与你所在的社区建立联系，看看是否有企业在探寻海外投资。你可能会找到一个适合你公司的项目。你应该寻找其他的销售渠道，而不是对你过剩的库存或者过时的库存商品进行过度降价销售，进行海外销售是出售这些物品的一个理想方式，而且通常价格合理。

因地制宜。如果你所在的地区人口分布稀少，或者税率苛刻，那么你看看是否应该将业务扩张到税收增长较低的地区。看看南部，得克萨斯和北达科他州。这些地区中是否有合适建立公司分部的候选地？

不要厚此薄彼

你是否确定了公司的一个部门与另一个部门之间所处理的"业务"占比？

你拥有数个职能部门，然后你在思考企业的管理开支，但是哪些部门、团体或个人应该承担大部分的管理开支呢？这个问题很重要，尤其是在企业开始成长、开展新的业务，以及收购其他公司时。

我们知道谷歌和其他高科技企业善于吞并一些小型公司，他们认为这些小公司有一天可能对其核心业务有帮助或者代表更有商业前景的新领域。然而，你很容易落入陷阱中，如果你这样想的话："好吧，我们已经有人力资源、公关和法律团队的支撑。我们可以在不产生大量管理费用的情况下合并新的企业。"

Alphabet Inc.（谷歌的母公司）首席财务官露丝·波拉特（Ruth Porat）不得不大幅削减开支，因为她发现谷歌的许多项目及收购的企业并未支付相应的管理费用。他们搭乘了谷歌生产现金的核心业务的顺风车。波拉特开始要求这些企业，犹如独立的初创企业一般，为其成本买单。

这是一个普遍的问题。企业领导者往往会疯狂地爱上他们的新项目——然后他们的老旧业务就会失去光芒。企业主和管理者在评估他们新项目的成本时，往往是非理性的，他们希望从长远来看，他们的愿望终会实现。

出现的问题可能不止于此。对新业务的迷恋导致领导层失去对核心业务的关注，从而使其遭受损失。将遗留的运营体系缩减到极限，为新项目提供开销和支持，这并没有什么帮助。

不要凭感情做决定。你企业的财务状况不会屈从于你的情感欲望。

1% 的精进

The One-Percent Edge: Small Changes
That Guarantee Relevance and Build
Sustainable Success

总结　实现 1% 精进的公司

我希望你现在已经相信，所有的公司，无论有多么强大，都会在某个时刻发现有必要进行不同程度的自我重塑，以保证自身在当今不断变化的市场中与时俱进。如果商业领袖没能认识到这一点，并且没有建立一个流程，让创新成为企业DNA的一部分的话，那么这个后果将不堪设想。当你的企业发展到增长困难、市场萎缩的阶段时，你要再改变和寻求出路一般都太晚了。

还记得你高中的生物课吗？你可能看过一个展示细胞繁殖的视频。一开始是一个细胞，突然变成了两个细胞，然后变成四个，以此类推。每个细胞的工作就是制造出一个新的细胞，而整个生物体会随着时间的推移变得更大、更强壮。然而，关键之处在于，每个细胞凭借其相同的DNA，正如预料的一样，正引导着整个生物体朝着一个共同的目标前进。

这是一个有机的商业组织稳步发展的正确写照。公司的每个员工都有着相同的企业 DNA。遗传学家经常把 DNA 称为路线图。1% 的精进流程就是成功的路线图。当它被注入你团队的所有成员时，它就会成为公司的 DNA。如果你有良好、健康的 DNA，那么增长就会自然而然地来临。

花点时间，用这个图像思考一下你的公司所面临的挑战。在本书的每一章节中，我都描述了企业的成功和失败。当人类的 DNA 受损时，可怕的后果之一便是癌症。对于企业来说，同样如此：如果你让受损的 DNA 在企业中站稳脚跟，那么最终将会有一个或者更多的癌症出现在企业中，这是今天的企业所无法承受的。

将 1% 的精进流程看作防止 DNA 受损的保护措施。

竞争愈加激烈，保持优势将有助于你保持领先。你将能更好地预测变化，而不是去应对变化。然而，竞争优势只是一时的。

我希望你从这本书中得到的主要启示是，你与客户的关系是一个可持续的优势，它能使你的企业免于失败。当然，这意味着企业的每一方面都必须支撑起这种关系，并始终如一地在市场中实现这一关系。这意味着作为问题的解决者和顾客的合作伙伴，你要不断地倾听客户的需求，并改进企业的运营，提供可创造收益以及富有成效的解决方案。

1% 的精进是确定时机和策略、制订优先等级、计划、执行、衡量、调整或放弃，以及重复这套严格的程序的结果。

艾森豪威尔（Dwight Eisenhower）总统曾经说过："在准备战斗时，我总是会发现计划毫无用处，但计划的过程却是必不可少的。"

图书在版编目（CIP）数据

1% 的精进 : 简单到不可能失败的商业关键技能 /
（英）苏珊·索洛维奇，（英）雷·曼利著；罗敏译 . --
北京 : 九州出版社 , 2023.2

ISBN 978-7-5225-1370-6

Ⅰ . ① 1 … Ⅱ . ① 苏 … ② 雷 … ③ 罗 … Ⅲ . ① 企业管
理－组织管理学 Ⅳ . ① F272.9

中国版本图书馆 CIP 数据核字 (2022) 第 221508 号

The One-Percent Edge : Small Changes That Guarantee Relevance and
Build Sustainable Success
Copyright © 2018 Susan Solovic
All rights reserved.

著作权合同登记号 : 图字 01-2023-0328

1%的精进：简单到不可能失败的商业关键技能

作　　者	[英]苏珊·索洛维奇　[英]雷·曼利　著　　罗敏　译
责任编辑	陈丹青
出版发行	九州出版社
地　　址	北京市西城区阜外大街甲 35 号（100037）
发行电话	（010）68992190/3/5/6
网　　址	www.jiuzhoupress.com
印　　刷	天津中印联印务有限公司
开　　本	889 毫米 × 1194 毫米　　32 开
印　　张	11
字　　数	201 千字
版　　次	2023 年 2 月第 1 版
印　　次	2023 年 9 月第 1 次印刷
书　　号	ISBN 978-7-5225-1370-6
定　　价	60.00 元